# 由布岳

九州高等学校編

海鳥社

本扉・中扉　写真撮影・城本武千代
本文カット　中村　治

グラビア　撮影・城本武千代
３頁（次頁）倉木山側より初夏の由布岳

もやに包まれ、由布院盆地に雄大にそそり立つ由布岳、右側
は鶴見岳。蛇越峠より（5月）

残照に映える新雪の由布岳。倉木山側より（1月）

春を告げる由布岳周辺の野焼き。燃え殻が宙に飛び交う（３月）

由布院盆地を流れる大分川から仰ぎ見る（５月）

西峰岩稜の登攀（６月）

夏の東峰全景。西峰中腹側より

堂々とした姿で屹立する。安心院より（６月）

平地よりも遅咲きの神楽女湖・菖蒲園から望む（７月）

稲刈りも終わった田んぼから。由布院盆地より（10月）

城島高原から見上げる（11月）

秋空に屹立する。倉木山側より（11月）

深まりゆく秋の湖面に姿を映す。志高湖より（11月）

由布院の秋の名物、底霧上に雄大にそそり立つ。蛇越峠より（11月）

本格的な冬場を迎える。由布岳西麓より（１月）

由布院盆地と由布岳。蛇越峠より

# はしがき

山の好きな両親がはじめて九重山に連れて行ってくれたのは、私が小学五年生の夏だった。長者原《ちょうじゃばる》の登山口から雨ヶ池越で坊ヶツルに入り、アセビ小屋の露天風呂で汗を流した。青い空に白いちぎれ雲が流れる下で、平治岳《ひいじだけ》、北大船《きただいせん》、大船山《だいせんざん》、立中山《たっちゅうさん》のパノラマが広がり、眼下の坊ヶツル盆地の林の中ではカッコウが啼いていた。自然の美しさをこれほど全身で感じたことは、それまでになかった。

教育者だった祖父も九州の山が好きだった。昭和十六（一九四一）年に筑紫山岳会が刊行した『九重山』に「伝説」という文章を寄せているし、昭和十八年には自ら『霧島山』を朋文堂より出版している。また、昭和三十年代には自身が築いた学園から『霧島山』『九重山』『阿蘇山』『雲仙と天草』『九州の山と高原』の九州山岳シリーズを発刊した。

これらの山の本は子供の頃から私の家にあったので私は目にしてきたのだが、その価値を理解し、面白いと思うようになったのは四十歳を過ぎてからだった。『九重山』初版の表紙の宇治山哲平の木版画に描かれた赤い山が飯田《はんだ》高原から見た三俣山《みまたやま》だとわかったのも、ずいぶん後になってからのことだ。

私はいつしかそんな祖父に倣って『由布岳』という本を作りたいと願うようになっていた。このたび九州産業大学付属九州高等学校の創立五十周年記念事業のひとつとして『由布岳』を制作し、海鳥社から出版していただく幸運に恵まれたことは、私にとって大きな喜びであった。
この本が由布岳を愛する方々に、そして山の好きな皆さんに広く読まれることを願うものである。

平成二十五年晩夏

九州産業大学付属九州高等学校理事長
中村　治

由布岳◉目次

はしがき 15
描かれた由布岳▼中村 治……20
由布岳概説▼梅木秀徳……27
景観としての由布岳考▼横山秀司……39
由布岳と信仰▼甲斐素純……53
由布岳をめぐる伝説▼梅木秀徳……77
由布岳をめぐる文芸▼中村 治……85
由布山の動物▼菊屋奈良義……91
由布岳の森林▼生野喜和人……101
昆 虫▼三宅 武……113
由布岳は広い「オオゴトじゃった山のお話」▼中谷健太郎……127
由布岳を想う▼裏 文子……139
私の由布岳▼中村 治……146
冬の由布岳登山記▼城本武千代……151
由布岳に登る▼加藤英彦……161
執筆者略歴 175 ／ あとがき 177

由布岳

# 描かれた由布岳

中村　治

ときどき新天町（福岡市中央区天神）の画廊で由布岳の絵を見かけることはあるが、プロの画家、しかも大家の描いたものはあまりない。

ここに紹介する田崎廣助《たさきひろすけ》、伊谷賢蔵《いたにけんぞう》、小林和作《こばやしわさく》の三人の画家について簡単に記しておこう。

田崎廣助（一八九八－一九八四年）は、福岡県八女郡北山村に生まれる。本名は廣次。

東京美術学校進学を強く希望するが、親の反対により断念し、福岡師範学校第二部に入学する。卒業後、小学校教員となるが、二十二歳のときに画家を目指して上京する。二科展、一水会展などで活躍し、昭和十五（一九四〇）年に一水会会員となる。昭和二十四年、五十一歳のときに日展審査員となる。

昭和十七年、四十四歳のときに「阿蘇山」を第六回一水会展に出品し、その後、阿蘇山は生涯のテーマとなる。阿蘇山、桜島、九重山などを男性的な雄大なスケールで力強く描き、その作品からは壮大な大自然の様相がにじみ出ており、東洋的な山岳美を追求しつづけた。九州の山のほかに妙高山、浅間山、大山《だいせん》などの作品がある。由布岳の絵も数点残している。

伊谷賢蔵（一九〇二－一九七〇年）は鳥取県鳥取市に生まれ、京都を中心に活躍した洋画家である。京都高等工芸学校在学中に油絵を描き始め、関西美術院で本格的に洋画を学び、二科展への入選、入賞を重ねた。戦後昭和二十年秋に、芸術表現の自由と作品発表の自由を掲げて画友の向井潤吉らと美術団体「行動美術会」を設立する。大地や生命を感じさせる山岳画や中南米、南欧に取材した群像画、風景画などを描き、晩年に至るまで新しい画題や描法を積極的に開拓した。

一九五〇年代に入り、由布岳や万年山《はねやま》、桜島など九州の山を描いた作品が多くなるが、そのきっかけとなったのは霊長類学者である長男、純一郎氏が昭和二十八年に大分県に赴任したことだったという。豊後富士とも呼ばれる由布岳を伊谷賢蔵は大変気に入っていて、数点の連作を残している。

小林和作（一八八八－一九七四年）は山口県秋穂村に生まれる。明治三十七年、京都市立美術工芸学校絵画科に入学し、同校卒業後に京都市立絵画専門学校日本画科に入学して竹内栖鳳《たけうちせいほう》の指導を受ける。はじめ日本画を学んだが、三十二歳のときに洋画に転向する。文展や春陽会で入選を重ねる。昭和九年、四十六歳のときに春陽会を退会し、独立美術協会会員となり、以後独立美術協会を中心に創作活動を続ける。色彩豊かな山や海の風景画を数多く描いている。

豊麗な南画的構成と西洋画の技法をたくみに融合した画風を築いた。

「由布岳」伊谷賢蔵

これは神々しいまでの由布岳の偉容である。かなりデフォルメされているが、南由布の駅から由布院の方に向かっていると、このような形に見える場所がある。

「由布岳残照」伊谷賢蔵

由布岳は見る位置によって、また季節や時刻や天気によってまったく違った相貌を見せてくれる。美しい夕映えの由布岳である。

「由布岳」田崎廣助

湯布高原あたりから見た由布岳であろうか。山を描いた具象画ではあるが、半抽象とも言えるであろう。

「志高湖と由布岳」田崎廣助

城島高原の志高湖を前景とした左が由布岳、右が鶴見岳である。

「由布岳」小林和作

自衛隊駐屯地の方から見た由布岳であろう。飛岳《とびだけ》の向こうに由布岳がゆったりと横たわっている。ピラミッド形をした飯盛ヶ城も見える。

「由布岳」伊谷賢蔵（京都国立近代美術館蔵）

「由布岳残照」伊谷賢蔵（京都市美術館蔵）

「由布岳」田崎廣助（福岡市美術館蔵）

「志高湖と由布岳」田崎廣助（福岡市美術館蔵）

「由布岳」小林和作（国立公園協会蔵）

# 由布岳概説

梅木秀徳

## はじめに

由布岳は、山名の起源となる由布院盆地のランドマークであるばかりか、大分県、あるいは九州のシンボルとも言える山である。豊後富士、時には筑紫富士とも呼ばれることは、この山がいかに広く知られ、誇りとされ、愛され親しまれてきたかを語っている。

そればかりか、由布岳はそれを仰ぎ見る地域の人々の意識や暮らしに密着している。例えば、元号が平成に入って湯布院・庄内・挟間《はさま》、三町の合併で由布市が誕生した際も、各町の学校のほとんどで校歌に由布岳が取り上げられていたことなどで異論なく市名に選ばれたとされるのも、その証左であろう。

秀麗な山容は古くから山への信仰心を人に抱かせ、詩歌に詠まれ、伝説が語られ、学問の対象となり、文化人から登山者まで、有名無名の多くの人を惹きつけてきた。それだけでなく、山はまた温泉や清水、樹木、鳥獣などを人々に恵み、その生活を支えてもきた。

それらの詳細は本書の各項目にゆだねるとして、まずは「阿蘇くじゅう国立公園」の一つの核となる由布岳の自然と歴史を概観してみよう。

## 双耳・双頭の独立峰

由布岳は頂上に東西の頂を持つ円錐形の独立峰であり、山体は主火山体である基底溶岩といくつかの溶岩ドーム、及び山頂溶岩からなると考えられよう。かつて九州が南北二つの島であったとされる時代、その間の海（阿蘇水道）か、あるいは低湿地だった別府島原地溝帯の最も東、別府湾に近く噴出した鐘状火山（トロイデ）とされている。同時期の噴出に九重山群、雲仙岳などがあり、阿蘇山は時期が下がるらしい。

山頂である双頭のうち、西ノ峰の最高点に国土地理院の三角点が置かれ、標高は一五八三・五メートル。世界測地系で北緯三三度一六分五六秒。東ノ峰はその南東、直線距離にして三〇〇メートル足らずの位置に最高点があり、東経一三一度二三分二五秒。地形図による等高線の読み取りでは一五八〇メートルとほぼ同じ標高である。東ノ峰は北側に狭い尾根を延ばしており、先端部に岩石を積み重ねたような高みがあって剣《つるぎ》ノ峰（一五五〇メートル）と呼んでいる。

山頂からの展望は素晴らしい。西ノ峰は眼下に由布院盆地と周辺の山々、日出生台《ひじゅうだい》高原などを見下ろし、北に宇佐地方や耶馬溪、英彦山《ひこさん》、西に玖珠《くす》地方のメサ山群、南西に九重《くじゅう》山群や祖母・傾《かたむき》山群、条件が良ければ雲仙岳あたりまで望まれる。東ノ峰は目の前に鶴見岳連嶺を至近に見るほか、別府湾とその沿岸部の俯瞰に適している。時には佐賀関《さがのせき》、国東《くにさき》の両半島の彼方に、四国、中国地方の山並もうかがえよう。このように展望に恵まれているということは、逆に各地から由布岳が良く望まれるということでもある。

両峰には障子ヶ戸、馬の背などの岩場・岩壁があり、その間には旧火口があってウバガウジ（姥ヶ兎路、姆ヶ氏）、通称・お鉢と呼ばれる。ウバは、谷間のやや膨らんでいる地形などをウバガフトコロ（姥ヶ懐）と呼ぶことと関係しているだろうか。ウジは獣道か。その火口の南の縁に南側からの登山道が上ってきて両峰への道が分かれており、マタエ、と呼ばれる。又・股を示すものだろう。

## 山腹、山麓の山と野

西ノ峰から西北に少し下った山腹に張り出したような地形が見られ、池代《いけしろ》と呼ばれている。飯盛《いいもり》山（一三四七メートル）と呼ばれる小さな丘が三つ、四つ連なる。側火山としての池代溶岩の噴出によるものと思われ、地名は小さな火口原が湿地となり、時には雨水をたたえることによるらしい。西方から由布岳を眺めると、端正な少し山が肩をいからせたような姿に見える。

南の麓には飯盛《いもり》ヶ城《じょう》（一〇六七メートル）があり、草斜面のやわらかな盛り上がりで、雪をかぶった時などは大分市方面からも光るように良く見える。若草山、小岳の別名を持つ。城という山名は九重山群の天狗ヶ城などにも見られるが、由布院―別府間の街道を見下ろすところでもあり、砦などが設けられていたことも考えられようし、烽火台《いもりが》が置かれたとも言われている。景行天皇親征の際、ここで戦勝を祈願したとの伝説もある。

その北の鞍部を合野越《ごうやごし》と呼び、南と西からの登山道が合流する。道は疎林《そりん》を経て草付きの斜面となり、じぐざぐにマタエへと登って行く。近くの原野には鬼の頭《かしら》観音岩、マク岩（幕岩）などの目立つ岩がある。

南の青梅台《おうめんでえ》との鞍部には先述の街道、現在は九州横断道路が通じ、由布院越と言われた古代からの重要路を踏襲しており、峠の頂が南の登山口となる。

東南の麓には日向《ひゅうが》岳（一〇八五メートル）とへべ山（九六〇メートル）がある。日向岳には、日向国（宮崎県）から由布岳に背比べにやって来たものの、及ばずに腰を抜かしたとの伝説があって、腰抜《こしぬけ》山との不名誉な別名を負わせられているが、日向は日当、日平などと同じように日当たりのよい場所、つまり東や南を示していると思われる。へべは蛇の方言訛りである。

日向岳の下に猪《い》ノ瀬《せ》戸《ど》の草原があり、鶴見岳や鞍《くら》ヶ戸《と》との鞍部を越す道があって後瀬戸《うしろせど》から塚原へと抜ける。その峠の部分からへべ山の北側を東からの登山道が上っている。

なお、由布岳は由布市と別府市の境界にあり、境界線はほぼ東登山道から東ノ峰、マタエ、合野越、正面（南）登山口を結んでいる。

北面には西ノ峰の直下から急斜面を標高約八〇〇メートル地点まで大崩壊があり、大崩《おおくえ》と呼んでいる。幅は二〇〇メートルから三〇〇メートル、広いところでは七〇〇メートルを超えると思われる。下流端まで工事用の車道が入り、砂防堤が何基も造られているが、いずれ崩壊が山頂に及ぶのではないかとの心配もある。

このほか、山麓には草原台地が広がり、岩場、水場なども点在して多様な景観を提供しているし、それぞれに物語などもある。詳細は昭和三十三（一九五八）年に当時の湯布院町から刊行された『由布山』（加藤数功《かずなり》編集）に収められた地元の故・溝口岳人《みぞくちたけと》による「お山めぐり」を参照していただきたい。

### 速見山群の盟主

由布岳は独立峰であっても、決して孤高ではない。由布岳を取り巻くように多くの山々が群がっている。それは由布・鶴見山群、あるいはさらに範囲を広げ、古くからの郡名をとって速見《はやみ》火山群と呼ばれている。由布岳と同じような鐘状火山が多く、地形から植生、動物相なども似通っているものが目立つ。

　由布・鶴見と並び称されるように、由布岳の東部にあるのが鶴見岳（一三七四・五メートル）で、寄り添うように立つので由布を男山、鶴見を女山と見ての恋の伝説を生んだ。

　由布が独立峰であるのに対し、鶴見岳は連嶺をなしている。それは地獄谷と呼ばれる険しい地形を抱いて鞍ヶ戸《くらがと》（一三四四メートル）、内山（一二七五・四メートル）へと続き、さらに伽藍岳（一〇四五・三メートル）と延びて、別府市街地へ扇山とも呼ばれるように扇状の草原を広げる大平山（八一〇メートル）を抱えている。

　鶴見岳は山頂近くで今でもかすかな噴気が見られるが、由布岳が有史に入って活動の記録がないのに対し、『三代実録』が貞観九（八六七）年の大爆発を記している。伽藍岳は硫黄山の別名もあるように、現在も噴気活動が活発で、すぐ下に塚原温泉がある。由布岳が湯布院温泉を湧出させるように、鶴見岳連嶺は別府温泉の母体である。

　それから先は高平山《こうひら》（八三〇メートル）などを起こし、日出《ひじ》町の背後に七つ石山（六二三・四メートル）を中心とする鹿鳴越《かなごえ》連山となっている。山群は異なるが、それはまた田原・華ヶ岳山塊から国東半島の山々へと通じ、別府湾を左手で抱え込むようである。

　東南部へは城島《きじま》高原、志高《しだか》湖から小鹿《おじか》山（七二七・六メートル）など別府市街地の南を限る小さな山並となり、さらに野生猿の自然公園である高崎山（六二八・四メートル）となって海へ落ちる。これまた右手で別府を抱くような格好だ。

　南には九州横断道路を隔てて青梅台（八九六・三メートル）の小山の連なりがあり、その南にはまた雨乞岳（一〇七三・七メートル）から城《じょう》ヶ岳（一一六七・八メートル）の連山が横たわっている。

　南西方向は由布院盆地で、それを取り巻くのが飛《とび》岳（九二四・七メートル）、立石山（一〇七〇メートル）、福万《ふくま》山（一二三五・九メートル）、カルト山（一〇三三・五メートル）や水分《みずわけ》峠など。それらは由布院温泉郷を優しく包み、朝霧の里を守っている。水分峠からは横断道路が野稲岳（一〇三七・六メートル）の山腹を走り、山下・小田・立石の湖地帯を経て飯田《はんだ》高原、九重山群へと延びている。

北の麓は塚原高原で、高速大分道が通り、その向こうにその名も向山《むこう》（七三三メートル）が横たわり、さらに雛戸《ひなど》山（八三〇・八メートル）などが立っている。

これ以上の山名は列挙を控えるが、速見山群の範囲で、山名の知られているものだけでも軽く一〇〇座を超える。そのなかで由布岳は群を抜いて高く、まさに幾多の連山、山塊を従えての盟主と言えるだろう。

加えて、一帯では高原の広がりと美しさが卓越している。由布岳南麓の草原をはじめとして、周辺には猪ノ瀬戸から城島高原、十文字原《じゅうもんじばる》、天間《あまま》高原、塚原高原、そして日出生台の大草原を広げている。

現在、日出生台や十文字原などは自衛隊の演習場となって立ち入れないが、高原の多くは古代から人々の生活の場となり、駅馬《えきば》の時代からの街道を通し、近代は別府、湯布院の発展に伴っての観光開発も進んできた。そして、そうした人たちが絶えず仰ぎ見て、心の拠り所としてきたのが由布岳であると言っても過言ではない。

## 柚富峯から由布岳へ

由布岳が登場する最初の文献は奈良時代初期に編纂された『豊後国風土記』である。由布院盆地はかつて別府市域と同じく速見郡に属しており、風土記でも速見郡の項に柚富郷《ゆふのさと》と柚富峯《ゆふのみね》が登場する。記述は短く、郷については「この郷のなかに栲《たく》の樹《き》さわに生いたり。常に栲の皮を取りて木綿《ゆふ》を造る。因りて柚富郷という」とあり、峯には「柚富の郷はこの峯に近し。因りて峯の名と為《な》せり」と説明している。栲の樹とはコウソのことで、それがたくさん生えていて繊維で木綿を作ったので郷の名前となり、それが山の名にもなったというわけである。

また、峯の記述のなかに石室《いわや》の紹介がある。「この峯の頂に石室あり。その深さ一十丈《ひとつえ》余《あま》り、高さ八丈四尺、広さ三丈余り。常に水の凝《こお》れるありて夏を経れども解けず」という。頂とあるから旧火口のウバガウジか池代あたりと推測できるし、氷があるというのは風穴に類するものではあるまいか。それにしても既にこの時代に由布岳は登られているわけだ。

山名に戻ると、柚富峯が最も古いことになるが、その後には木綿山《ゆふやま》が『万葉集』に出てくる。詳しくは文芸作品の項を読んでいただきたいが、木綿山の二首のほか、木綿間山《ゆふまやま》、遊布麻山《ゆふまやま》とする歌もまた由布岳のことだとされている。

その柚富郷、柚富峯、あるいは木綿山がいつから「由布」の表記になったのだろうか。平安時代中期の『和名抄』に由布郷、『延喜式』に由布駅が見えるので、遅くともそれまでに由布になっていたことが分かる。その後、山名には様々な書き方が現われる。例えば油布、兪不、由婦など、いずれもユフにいろいろな文字をあてたわけである。

さらに湯ノ岳、猪ノ岳もある。湯ノ岳は『和漢三才図会』にあるというが、温泉のもとという意味で、地元では現在も使っている人がいるという。猪ノ岳は転訛か、あるいは猪が多い山ということだろうか。

なお、由布岳、由布山と、岳（嶽）と山の二つの呼び方があるが、これまであまりこだわってはいないようだ。山は敬称の「さん」にも通じ、親しみのなかにも畏敬の念を込めて使っている人も多い。ただ、国土地理院の地形図では岳を採用しており、その二万五千分の一図が国土基本図とされていることから、一般的には由布岳が通用している。

## 郷土富士として

ところで、その地形図には「由布岳（豊後富士）」と記されている。豊後富士、あるいは時に筑紫富士という呼び名がいつごろから使われているのか分からないが、郷土富士としての豊後富士はすっかり定着している。

由布岳は双頭峰であり、しかもトロイデの鐘状火山で、長く裾野を引く富士山のコニーデとは異なりスカイラインの傾斜も強いが、望む方向によっては頂上が平らな富士山に似ている。東あるいは東南の方角から見ると、東ノ峰と剣ノ峰を結ぶ尾根がほぼ平らに連なり、やや右下がりの直線となる。とりわけ、古代に豊後国府や国分寺が置かれて豊後の中心地だった大分市南部の平野から遠望すると富士山型である。

ただ、例え富士山型でなくても、昔から地域で親しまれている山が〇〇富士とされるケースは多い。それらは郷土富士と呼ばれている。日本のみならず、国外でもアメリカのタコマ富士（レーニア山）などの例もある。

静岡県富士市のホームページによると、信仰上の富士塚を除いて郷土富士は国内に三二一座あるといい、九州で三十二座、大分県では八座が掲載されている。そのなかで、広く知られているのは蝦夷《えみし》富士（羊蹄《ようてい》山）、津軽富士（岩木山）、出羽《でわ》富士（鳥海山）、榛名《はるな》富士（榛名山）、出雲富士（伯耆大山）、薩摩富士（開聞岳）、そして豊後富士と言える。

そして、本家の富士山だけでなく、郷土富士の良く見えるところにはしばしば富士見という地名が付けられる。大分市の富士見が丘は新興の住宅団地だが、豊後富士が良く望まれるので命名されたという。また、宇佐市院内町は石橋の多さで有名だが、その橋の一つに富士見橋がある。谷間の町だけに遠望の効かないところだが、富士見橋から入る谷筋からだけ豊後富士が望めるというわけである。

しかし、代表的な郷土富士であり、昔から名山とされていながら、由布岳は深田久弥の『日本百名山』からは漏れた。深田は後に由布岳を知り、後悔したと伝えられているし、ある人から問われて「由布は一〇一番目です」と答えたとも言われている。

## 女神・宇奈岐日女

古来、山は神のいますところと信じられてきた。日本をはじめユーラシア北部の民族は神は天にいると考え、山は天への架け橋として、つまり山は神が天下る場と思っていたらしい。さらに、それから山そのものを神とする神体山の信仰も生まれ、自然の中に神の姿を見た。

『延喜式』の神名帳によると、豊後国には六柱の神がいるが、そのいずれもが自然そのものである。祖母山の健男霜凝日子《たけおしもこりひこ》、本宮山の西寒多神《ささむたのかみ》、鶴見岳の火男《ほのお》火売神《ほのめのかみ》（二柱）、豊予海峡の早吸日女《はやすいひめ》、そして由布岳の宇奈岐日女《うなきひめ》のいずれもが山や海である。また豊前の国では宇佐神宮の神が挙げられているが、そのなかで宇佐古来の神である比売大神《ひめおおかみ》は御許《おもと》山に天下ったとされている。

ところで、健男霜凝日子は霜、あるいは雪や霧氷をまとった雄々しい山の姿の形容であろうし、火男火売神は火山活動そのものを示し、早吸日女は渦潮が速く巻いて流れる海峡を神名としている。だが、宇奈岐日女は由布岳の形容とは思われない。

ただ、宇奈岐には宇奈伎、宇奈倶と表記した文献もあるので、ウナキ、ウナギ、ウナグを調べてみると、女神としての姿が浮かび上がってくる。首筋をウナジと呼び、首を縦に振って同意を示すことを頷くというように、ウナは首であり、ウナギ、ウナグは首に物を懸けている状態、つまり女性がネックレスをしている姿ではあるまいか。

古代に女性が首に物を懸けるとすれば、それは恐らく勾玉《まがたま》、管《くだ》などの玉類、さらには鏡ではないか。そう考えると、ある女性の姿が思い起こされる。邪馬台国の女王・卑弥呼である。卑弥呼はシャーマンとして国の統治にかかわった。宇奈岐日女もシャーマンとして地域を治めていたのではあるまいか。

『日本書紀』『豊後国風土記』の景行天皇親征伝説には、例えば神夏磯媛《かむなつそひめ》、久津媛《ひさつ》、五馬媛《いつま》、速津媛《はやつ》が登場するし、神武天皇の東征説話では宇佐で菟狭津彦《うさつ》・菟狭津媛が天皇を款待しており、いずれも地域の長《おさ》として紹介されている。これらの文献に宇奈岐日女は見られないが、彼女もまた地域、つまりは由布地方のクニの長だったと推測できよう。

日女には湖水であった由布院盆地を干し上げて肥沃な土地を造り出したという伝説がある。この国造り物語が、盆地一帯の開発をした一族をシャーマンとして率いた女性の存在を示しており、そのクニのシンボルである由布岳の女神とされたのだろう。そして今の祭神こそ違え、宇奈岐日女神社の名で由布岳を仰ぎ見る盆地に現在も鎮座している。

## 山を崇める立石か

速見山群の一帯には先史時代からの遺跡が数多い。そこに暮らしていた人たちは、常に畏敬の念を持って由布岳を仰いでいたと思われる。例えば縄文人たちは、そこに鳥獣や山菜など生きるための糧を求め、水資源、建材や燃料を得て感謝していたのは当然だろう。

時代が下って、山には神社や仏閣が設けられ、さらに修験の地となり、先達に導かれて一般の人たちも登拝するようになる。その詳細は別項の信仰編をお読みいただきたいが、由布岳はいつの時代にも、その対象となって来たことだろう。

由布岳について文献に残る火山活動はない。しかし、隣接する鶴見岳では貞観九年の噴火が『三代実録』に伝えられているし、いまも小規模の噴気が山頂直下で見られる。また、伽藍岳（硫黄山）は現在でも噴気が活発である。

そうした点から推測しても、先史時代には由布岳が火山活動を見せていたことは確かだろう。学者によると、約二〇〇〇年前に規模の大きな噴火が発生し、その後に山頂溶岩が出現、南麓などに火砕流が流れ下り、さらに山頂部で噴火が続いた後に歴史時代を迎えておさまったという。

噴火や爆発は、当然として人々を恐れさせる。活動する山の姿は、自然の威力そのものを示しており、偉大な存在を感じさせるに十分である。噴火活動が先史時代まで起こっていたとすれば、人々が由布岳を崇拝するのは自然な成り行きであろう。

そうした点で注目したいのが、由布岳を望む一帯に立石《たていし》（メンヒル）の多いことである。例えば北西部の立石山にはその名前の起源となった石が立っているし、山石山にもある。東の別府市にも立石山があり、盆地を隔てて立石の池のほとりにも立石が見られる。そして、由布岳自体も、南麓の飯盛ヶ城近くに立石《たついし》ノ台《でえ》があって石が立つ。大きさや形から見て大方は自然石と思われる。

ただ、いささか遠く離れた宇佐市安心院《あじむ》町にある佐《さ》田《た》の京石《きょういし》は明らかに人工による巨石のメンヒル群であり、その間から谷間の向こうに由布岳が望まれる。

メンヒルは太陽崇拝のためとか、神の依《よ》り代《しろ》としての盤座《いわくら》・巨石信仰、あるいは大分県内では宇佐神宮の比売大神などが天下ったとされる御許《おもと》山頂や安心院三《さん》女《にょ》神社の石、中津市八面《はちめん》山の立石などもあるが、由布岳を至近に、あるいは望見できる立石は、火の山への崇拝の祭祀が行われた場所だったかも知れないと思うのは推測の行き過ぎだろうか。

## 登頂した文化人

由布岳に最初に登山したのは誰だろうか。先史時代から人は鳥獣などを追って山地に入っており、あるいは縄文人が初登頂者である可能性もある。ただ、確実と思われるのは奈良時代の人である。前記の『豊後国風土記』に石室の記事があり、その大きさなどを伝えているのは登った人の体験がなくては記されないだろう。

さらに、由布岳を開山した仏山寺《ぶっさんじ》ゆかりの天台系修験僧・性空《しょうくう》が十世紀末に登山していることは確実。『豊陽古事談』などによれば、彼は山中で長く修行しており、例えば槍ヶ岳（北アルプス）を開山した隆上《りゅう》人と同様に、山頂を極めていることは恐らく間違いない。その後は、山岳信仰の山伏などが登っているし、彼らを先達として一般人も数多く登拝したことだろう。

近世になると、由布岳は各種調査の対象ともなった。例えば、岡藩の田能村孝憲《たのむらたかのり》は幕府の命を受けた岡藩が豊後の地誌をまとめる仕事に携わり、寛政十一（一七九九）年の秋に登山しており、享和三（一八〇三）年に『豊後国志』を完成している。

同書には「山は極めて高く、周囲三里余。麓から嶺までも三里ばかり」「絶頂は三峰となり、東西の峰が屹立、相対し、その間に嫗氏《うばがうじ》がある」「ここから時として金石糸竹の音が聞こえると伝え、遊仙の境か」などと記すほか、麓の鬼の頭、観音岩などの大石、池城（池代）の菖蒲、取り巻く山々や鶴見岳などの展望を紹介、由布岳を遠望すれば「三峰が削られたように雲表に起ち、筑紫富士とも言う。実にこの郡（速見郡）の鎮めなり」と結んでいる。

天保四（一八三三）年秋には日田の広瀬旭荘《きょくそう》が登っているが、学術的な調査では天保十一年の本草学者・賀来飛霞《かくひか》の登山が最初とも言えよう。今の豊後高田に生まれ、宇佐市安心院などに縁が深いが、全国を歩いて植物を調査した。その手始めが由布岳のようで、『油布採薬記図譜』は貴重な踏査記録である。

## 標高はいくら

地質・地形などの調査となると、近代を待たねばならない。由布岳の頂上に測量のための三角点が設置されたのは明治三十（一八九七）年、当時の参謀本部陸地測量部の五万分の一地図作成のためだったが、それによる測量が始まり、地形図が公表されるまでは、標高もはっきりしなかった。九州一の高山は祖母山と信じられ、それが教科書にも採用されていた時代なのである。

近代になって由布岳の標高を調査・記録した最初は明治十八年の『豊後速見郡村誌』ではあるまいか。編纂のための調査が始められたのは十二年からで「高さ四百七十八丈」と記し、「別府港ヨリノ実測ニ依《よ》ル」と注記している。測量法などは分からないが、換算すると一四四八メートルとなる。ただし、一〇〇メートルを三三丈と定めたのは明治二十四年のことであり、それ以前としてはどのような基準だったのだろうか。

尺貫法で一尺が三〇・三センチと定められた同年以降、高頭式《たかとうしょく》の『日本山嶽志』（明治三十九年）が出された。それには由布嶽、別称湯布嶽、湯嶽、筑紫富士、豊後富士とし、「速見郡の南方、北由布村温湯《ぬるゆ》より一里八町にしてその頂上に達す。標高五千六百六十三尺」としている。また、同書の「山岳表」では阿蘇火山群に属し、「二十万分一大日本地形詳図」によるとして一七一六メートルとする。ちなみに同表では鶴見岳が一四八〇メートル、九重山が一八六三メートル、祖母山が一九八五メートルである。

同じころ大分県内で出版された佐藤藏太郎の『豊後史蹟考』（明治三十八年）は、根拠は示されていないが海抜四千八百五十尺としている。換算すると一四七〇メートルとなる。結局、三角点による測量結果が地図となって公刊されるまで、他の山と同様に正確な標高は分からなかった。

## 近代登山の時代

近世から近代、さらに現代にかけて、多くの文化人などが由布院盆地や別府を訪れ、由布岳に関する詩歌・紀行・小説など文芸作品を残したほか、絵画、写真の分野でもたくさんの作品をものにした。現在でも、美術展などをのぞくと、由布岳をテーマにした作品は多く、とりわけ大分県関係の展覧会では、常に数点の作品が鑑賞できる。

その由布岳がスポーツ登山の時代を迎えるのは明治末から大正、昭和初期にかけてである。草分けは溝口岳人（明治十一年－昭和三十六年）だった。当時の北由布村の庄屋の家筋の長男として育ち、岳人は祖父にあたる漢学者・毛利空桑《もうりくうそう》の命名によると言われる。

若いころから由布岳に登り始め、本人によると「由布岳は奇妙に私の心を魅了したので、機会あるごとに、この山に登った。登山した回数はほとんど記憶にないくらいで、山中くまなく歩いている」（『由布山』「お山めぐり」）という。単に登るだけでなく、仲間を募って草を切っては登山道を開き、標識を立て清掃も続けた。

　昭和の戦後になると、そうした彼を訪ねて多くの人が集まるようになり、自宅は登山基地同然になる。それがやがて保養所のようになり、今日の「玉の湯」につながった。山を愛するがゆえに、それを必死に守ろうとし、少しでも荒らす者がいたら「もう由布岳に登るな」と叫んだとか。それが今日の自然保護運動の先駆的な役割を果たした。

　一方、別府市では大正八（一九一九）年に「わらじの会」が作られ、後に二豊《にほう》山岳会となる。九州に最初の山岳会が生まれたのは九重山群の南麓・久住《くじゅう》高原で工藤元平《くどうもとへい》により大正四年に組織された九州山岳会で、それに次ぐものだったが、それ以後、各地に続々と山岳会が生まれる。

　そして戦争。登山人にとっては闇黒の時代だった。だが終戦とともに平和が訪れ、登山界は急速に復活する。九重山群などとともに由布岳、鶴見岳がその舞台として再びクローズアップされた。戦後間もなく大分県山岳連盟が生まれ、やがて日本山岳会大分支部（現在の東九州支部）が九州の山のパイオニア・加藤数功（『由布山』の編集者）や溝口、工藤の三人を顧問として誕生した。

　以来、登山ブームと呼ばれる時代が続く。大分市をはじめ、近郊の中学校や高校は夏季ばかりでなく雪中登山をも恒例の行事とした。山開きも行われるようになる。さらに中高年登山者のまた新しい時代を迎えている。しかし、人と時代は変わろうと、変わらないのは由布岳である。そして、登山者をはじめ、多くの人々の心と身体を育て、各種芸術の対象となり続けている。

# 景観としての由布岳考

横山秀司

写真１　由布院盆地を走るD60型蒸気機関車。当時は棚田が広がり、茅葺き屋根の民家があった。（1969年４月）

はじめに

昭和四十四（一九六九）年四月七日、当時大学生であった筆者は由布院盆地を訪れていた。昭和五十年をもって全国のＳＬ（蒸気機関車）が全廃になることが決まっていたので、九州のＳＬ撮影の旅に来ていたのである。前日に大分駅から久大線に乗ってゆふいん駅で下車し、その日は駅に近い旅館に投宿した。駅前の道路は舗装されていなかった記憶がある。由布院温泉がまだ今日のように有名になっていない時代である。

翌日、由布岳をバックにした蒸気機関車をカメラに収めようと、駅から久留米方面の線路に沿って歩き、撮影ポイントを探した。今では定かな記憶はないが、撮影された写真から判断すれば、そのポイントは盆地の北に位置する荒木地区であった。盆地の南の棚田を背景にのんびりと走るＤ60（写真1）、由布岳をバックに力走するＤ60などをカメラに収めた。現在、それらの写真は私の宝となっている。

平成八（一九九六）年より福岡県で生活をするようになってから、しばしば湯布院を訪れる機会があり、由布岳の山容に惹かれた。その由布岳にも数回ほど登った。今回、由布岳の景観に関する執筆依頼を受けたのも、このような縁があったからであろう。

以下、由布岳とその周辺の景観に関して景観生態学的視点から分析をしてみたい。

景観生態学とは、景観を構成する地形・地質・水・動植物とそれらに影響を与える気候、また人間の作用などを分析して、景観の成り立ちとその特徴を説明する地理学の一分野である（横山秀司『景観生態学』古今書院）。

## 景観の土台としての地形

　われわれの眼前に広がる景観は、大地の形態である地形がその基盤をなしている。地形は地殻運動や火山活動などの地球内部からの作用と、それに働きかける侵食・風化作用などの外からの作用、地質（岩石）の特質などによって形成されたものである。一方で地形は、斜面形、傾斜、向きなどの条件により、地表面が受ける日射量、風、降水量の相違をもたらし、小気候や植生分布に影響を与えている。そこで、まず由布岳の景観をつくる重要な要素としての地形の成り立ちとその特徴を見てみよう。

　九州北部には「長崎三角地帯」とよばれる地形構造上重要な地帯がある。これは四国北部をほぼ東西に走る中央構造線の延長と考えられている松山—伊万里線と大分—熊本線に限られた地帯である。この地帯では断層運動や火山活動が活発で、鶴見岳、由布岳、九重連山、阿蘇、雲仙などの火山が噴出している。この三角地帯の東部に由布院盆地と由布岳は位置している。

　図1に示した由布岳周辺には多くの断層と火山がある。図の北部を東西に走る断層と図の南部の由布院盆地の南から別府市街地の南部を走る断層に夾まれた地帯は、速見地溝とよばれる。[1] この地溝の中に立石山、飛岳《とびだけ》、福万《ふくま》山、伽藍岳、鶴見岳、由布岳などの火山が噴出している。立石山、飛岳、福万山は断層によって山体が変形され、侵食谷が刻み込まれている。それに対し、鶴見岳や由布岳は断層による変位を受けておらず、溶岩流などの火山地形が保たれていることから、立石山などよりは新しい火山であることがわかる。

　安山岩からなる由布岳（一五八四メートル）は、これまでトロイデ火山（釣鐘状火山）とされてきたが、豊後富士と称されるように、富士山に似た成層火山であって、山頂部には火口をもつ溶岩円頂丘と山腹にも溶岩円頂丘をもついくつかの側火山からなっている。ちなみに『理科年表』の「日本のおもな火山」の項目では、由布岳の構成は成層火山と溶岩ドームとなっている。

由布岳とその周辺の地形構造を明らかにするため、五万分の一地質図「別府」（星住英夫・小野晃司・三村弘二・野田徹郎『別府地域の地質』地質調査所）と小林哲夫（「由布・鶴見火山の地質と最新の噴火活動」

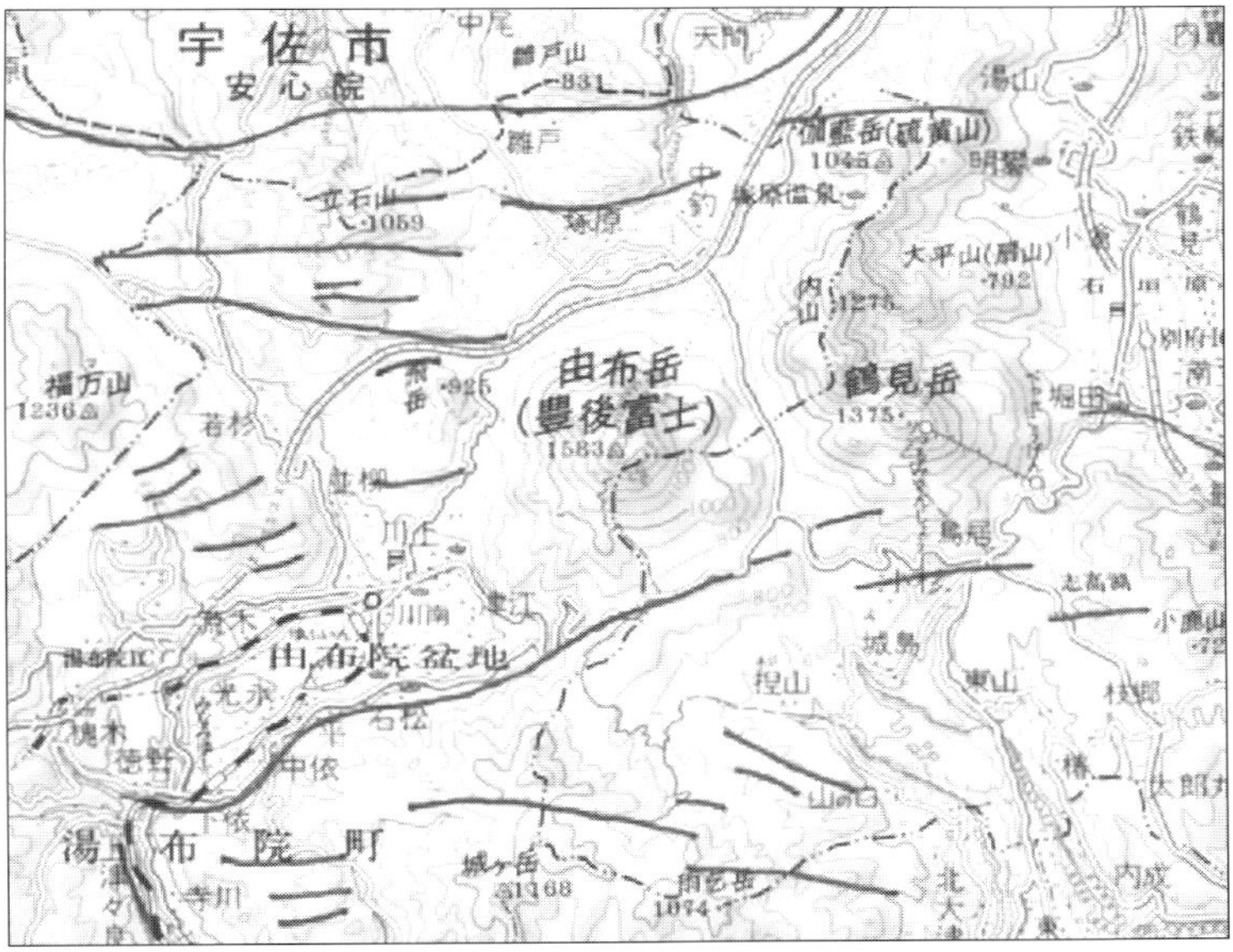


図１　由布岳とその周辺の断層分布図
（星住他 1988 を参考に 1:20 万地勢図に図化した）

地質学論集、二四、九三－一〇八頁）、奥野充・藤沢安弘・田島恵・宇井忠英・中村俊夫・小林哲夫（「由布岳火山、池代および野々草火砕流堆積物の炭化木片の加速器14C年代」名古屋大学加速器質量分析計業績報告書一〇、一九九－二〇五頁）の研究を参考にして地形学図を作成した（図２）。

五万分の一地質図では山体の周囲に八個の側火山が取りまいているように図化しているが、奥野他は北側の三つの側火山とその間の「由布岳主火山体噴出物」を一括して「池代溶岩」として一つにまとめているので、本図ではそれを採用した。また、奥野他は、由布岳北山麓に広がる「池代火砕流堆積物」の他に山頂溶岩を起源とする重見、男能濃松《おおのまつ》、野々草の各火砕流を明らかにしているので、それも本図に反映させた。

第２図をもとにし、現地での観察と空中写真の判読を加味しながら由布岳とその周囲の山々を概観してみよう。

由布岳は三五〇〇〇年より以前に活動を開始し、二〇〇〇〇年〜一五〇〇〇年前にも山頂溶岩の流出や火砕流が発生し、約一一〇〇年前まで噴気活動を継続していたと考えられている。その由布岳の古い山体（凡例10）の上に、山頂溶岩（凡例6）、側火山（凡例9）、火砕流堆積物（凡例7）や流れ山堆積物（凡例8）などが被って現在の由布岳の姿となった。

由布岳の山頂には直径三〇〇メートルの大火口が有り、その中に四つの小火口が認められる。後述するように約二二〇〇年～二一〇〇年前に噴火した由布岳は、頂上から溶岩を三方向に流出したが、溶岩は山腹の途中で止まった。溶岩を噴出した後に火口が陥没して大火口が生じ、小火口はそれに次ぐ噴火によって生じた爆裂火口である(2)。

大火口を取りまく火口縁には最高峰の西ノ峰（一五八四メートル）、東ノ峰（一五八三メートル）、剣ノ峰のピークがあり、その三峰に囲まれた二つの小火口付近はウバガウジとよばれており、昔は犬も通れぬ難所だったという（溝口岳人「お山めぐり」〈加藤数功編『由布山』湯布院町役場〉）。溝口はウジとは兎道であろうしているが、『広辞苑』では「定まった獣の通路」と記されている。現在ではこの三ピークを結ぶ火口縁は、御鉢巡りと称する登山道が開かれているが、火口斜面は絶壁のような急斜面で狭いリッジをなしているところがあり、露出した溶岩は磊々《らいらい》としており、かなりの難路である。山頂の西ノ峰と東ノ峰の二つのピークは、由布院盆地から眺めた時に双頭峰として現れ、由布岳の象徴をなしている。

由布岳南西から南東に連なる六つの側火山と池代側火山（凡例9）は、見る位置から由布岳の姿を変える脇役を演じていると言えよう。由布院盆地から眺めると主峰の手前中腹に台形のように緩斜面が広がるように見えるのが、地元で台《デェ》と呼ばれる緩斜面をもつ側火山である。これは標高七六〇メートル付近で溶岩流が緩斜面をつくったことによるものである。西登山道の一部はこの緩斜面を利用している。

さらに盆地からは台の東に独立した山頂をもつ飯盛ケ城（一〇六七メートル）の側火山が見える。三角形の山頂から南へ裾野が延びるこの側火山は、ほとんど草原となっていることもあり、由布岳の側火山の中でも第一の景観美をなしている。狭霧台から見れば、由布岳の前景として役割を演じている。また、正面登山口から由布岳を目指せば、頂上まで草原となった飯盛

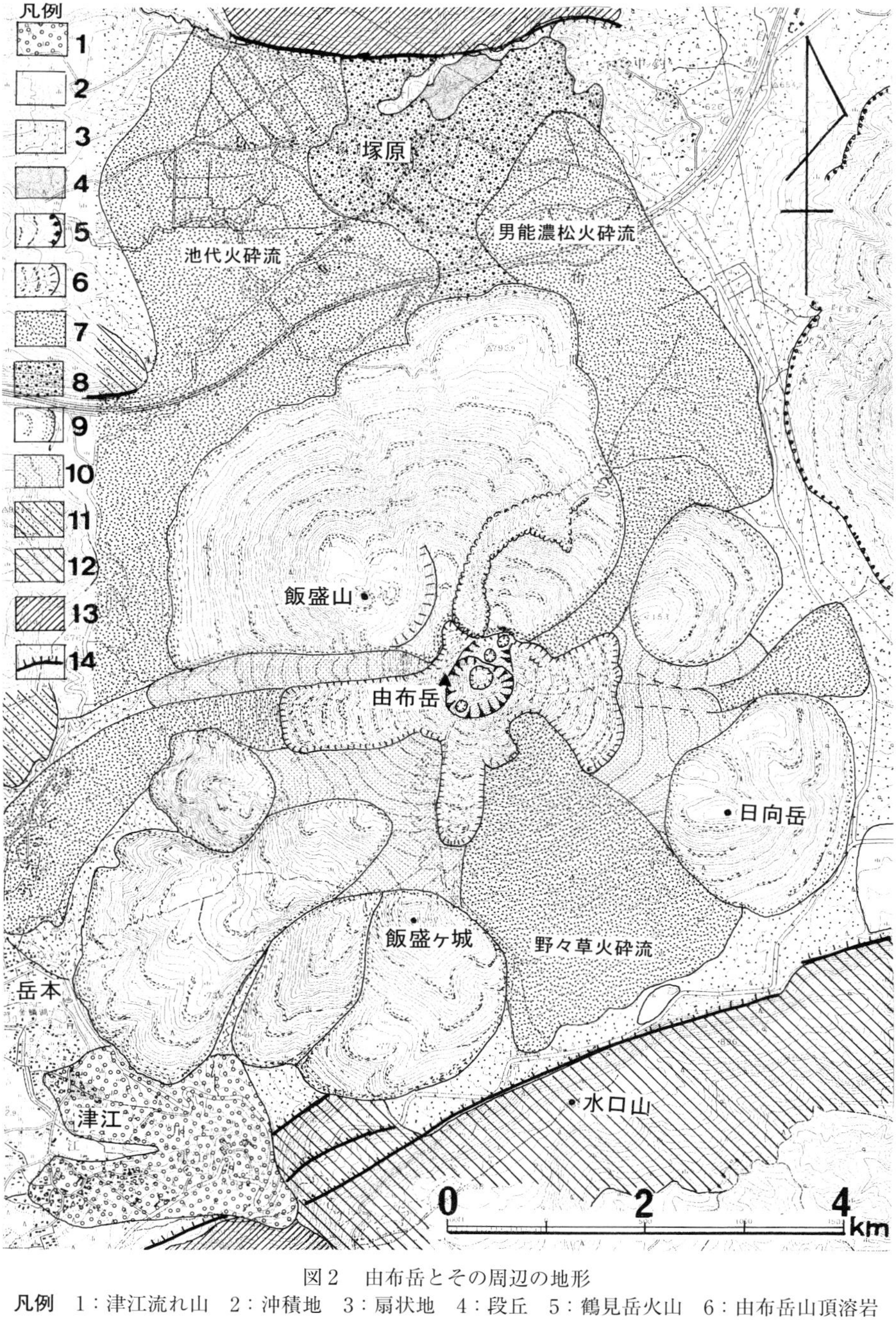


図２　由布岳とその周辺の地形

凡例　1：津江流れ山　2：沖積地　3：扇状地　4：段丘　5：鶴見岳火山　6：由布岳山頂溶岩
7：火砕流堆積地　8：塚原流れ山　9：由布岳側火山　10：由布岳主火山　11：飛岳火山
12：水口山火山　13：その他の火山　14：断層
（奥野他 1999、小林 1984、星住 1988 を参考に、空中写真の判読により作成）

写真２　由布岳と池代側火山。真左に延びた稜線に溝口が言う飯盛山のピークとその背後の白野が確認できる。（2012年1月）

ヶ城の美しい山容を眺めながら登ることになる。さらに登山道をつめていくと、眼下に飯盛ヶ城を見ることになるが、山頂には火口らしき小さな窪地が認められる。

正面登山道の東には、由布岳南東の側火山である半円形の山体をなす日向岳（一〇八五メートル）が見える。この側火山は日向岳などの三つのピークがあるが、溶岩円頂丘の頂部が火道への逆流によって陥没して形成されたものと考えられている[3]。

由布院盆地から眺めた由布岳を特徴付けるもう一つの側火山は、由布岳の北西山腹に張り出した池代側火山である。飯盛山（一三四七メートル）と称される小峰などいくつかの小さなピーク（岩峰）が盆地からも認められる（写真２）。溝口[4]は、それらのピークを第一～第六飯盛山と称し、この付近には窪地や横穴など噴火の名残が多くあるという。地形図からは、湾曲して北西に向いた明瞭な滑落崖が見られることから、円頂丘が崩壊して形成されたものとされている。空中写真の判読によれば、滑落崖の下部に小ピークや窪地などの地形を認めることができるので、噴火活動の影響もあると考えられる。現在は登山道がないので、立ち入ることはできないが、地形学的に価値がある地域であるので踏査したいものである。さらに飯盛山の背後に、西ノ峰から延びた標高約一四〇〇メートルの稜線が確認できる。ここは、溝口によれば白野とよばれ、昔は野焼きが行われていた場所であったので、冬には白く見えたためにつけられたが、今は焼かれぬために、ヤシャブシ、ウツギ類が非常な勢いで繁茂しているという。かつてはこのような高所まで野焼きが行われていたことに驚かされる。

次に、山体を被う火砕流堆積地を見ていこう。山頂溶岩の下部から北東～北の方向に流れ出た男能濃松火砕流は塚原まで広がり、南の方向へ流れた野々草火砕流は水口山の断層崖近くまで堆積物が広がっている。池代側火山の山麓には池代火砕流堆積物が北から西へ広がっている。奥野他は野々草火砕流と池代火砕流の炭化木片の資料を採取して年代測定をした結果、野々草は2330±80yrBP、池代火砕流は2090±80yrBP であったので、由布岳の最新の噴火は、二二〇〇年〜二一〇〇年前におこったと考えている[5]。

塚原集落周辺は奥湯布院として観光化が進んでいるところであるが、ここには塚のような小山が多くあることから「塚原」という名がつけられた。この塚に対し、鳥居龍蔵は古墳と認め[6]、『豊後速見郡史』には七六の古墳が登録されている。星住他はこれらの塚の多くは、流れ山で生じた地形であるとし[7]、この付近の堆積物を「塚原岩屑なだれ堆積物」と命名した。流れ山とは、火山の山体の一部が地滑りのように崩壊し、崩壊した山体が多くの小山となって山麓に流れて堆積したものである。例えば、寛政四（一七九二）年に発生した雲仙の眉山《まゆやま》崩壊によって生じた流れ山は、現在、島原市の九十九島や周辺の小丘陵となっている。塚原の流れ山の起源は池代溶岩の活動と関連して形成されたものとされている[8]。流れ山が発生した場合には、明瞭な崩落崖が形成されるはずであるが、現在それは認められないので、崩落崖はその後の池代溶岩に被われたものと考えられる。塚原岩屑なだれ堆積地にはアカホヤ火山灰の存在が認められないことから、約六三〇〇年より新しい時代に生成されたものである[9]。

アカホヤとは、鹿児島県の沖合の硫黄島を含む鬼界カルデラの噴火に伴う火山灰で、その噴火は六三〇〇年前とされていたが、最近の研究では七三〇〇年前と修正されている[10]。

由布岳から北方池代火砕流と塚原岩屑なだれは、塚原の北に位置するシャナガヅル（七三三メートル）の断層崖まで流れ下っている。シャナガヅルは更新世中期の火山であり、その南は東西に走る正断層により約一三〇メートルほど沈降している[11]。その沈降した山体の上を、池代火砕流と塚原岩屑なだれ堆積物が被っていることになる。

一方、南山麓の扇状地堆積物は、水口山（八九六メートル）の断層崖まで広がっている。この断層崖は由布院盆地の南を限る断層崖まで続くもので、池田は湯布院断層と名付けている[12]。これは正断層であり、北側が沈降しており、由布院盆地床と台地との比高は二〇〇～二五〇メートルである。由布院盆地はこの沈降部に位置し、東の由布岳火山、北の飛岳や池ノ台火山、西の石武溶岩に囲まれている。由布院盆地は広く沖積層で被われているが、その中には湖沼性の堆積物が存在するので[13]、湖の時代があったことがわかる。

盆地の南東隅には慶長元（一五九六）年の別府湾を震央とするマグニチュード六・九の地震により、湯布院断層崖の一部が崩落し、津江付近に流れ山となって堆積した（凡例1）。臨済宗に属す仏山寺はこの流山堆積物の上に立地する。

わが国有数の湧出量を誇る由布院温泉は、これらの火山と断層の恩恵を受けているのである。

## 地形を装飾する植生

景観の基礎をなす地形に装飾を施すのが植生である。景観の美しさは植生によるところが大きい。そこで次に由布岳とその周辺の植生を相観してみたい。

別府市は奥別府の自然保護とそれに調和する開発の基礎資料とするため、学術調査を実施し、昭和四十九年に『奥別府の自然』（由布・鶴見火山群学術調査団編集）としてその成果を刊行している。その第Ⅳに「由布・鶴見火山地域の植生と植生図示」と題する報告があり、付図として植生図が添付されている。概ねそれらを参考とするが、その植生分布図は約四十年前の調査によるものであるので、草原の放棄や植林などによって変化しているところも少なくない。そこで最新の空中写真の判読と現地調査結果を加えながら述べていきたい（図3）。

由布岳の最高峰は一五八四メートルである。この標高は、本来の植生の垂直分布からすれば山地帯としてブナを主体とした夏緑広葉樹林帯となるはずである。しかし、頂上付近に見られるのは風衝地植生で、高山ハイデ状になった植生である（凡例1）。ミヤマキリシマやノリウツギは卓越風によって地に伏すような偏形樹となって斜面を被っている。その林床には、夏に白い可憐な花をつけるマイヅルソウが生育している。マイヅルソウは千島から北海道・本州・四国・九州の

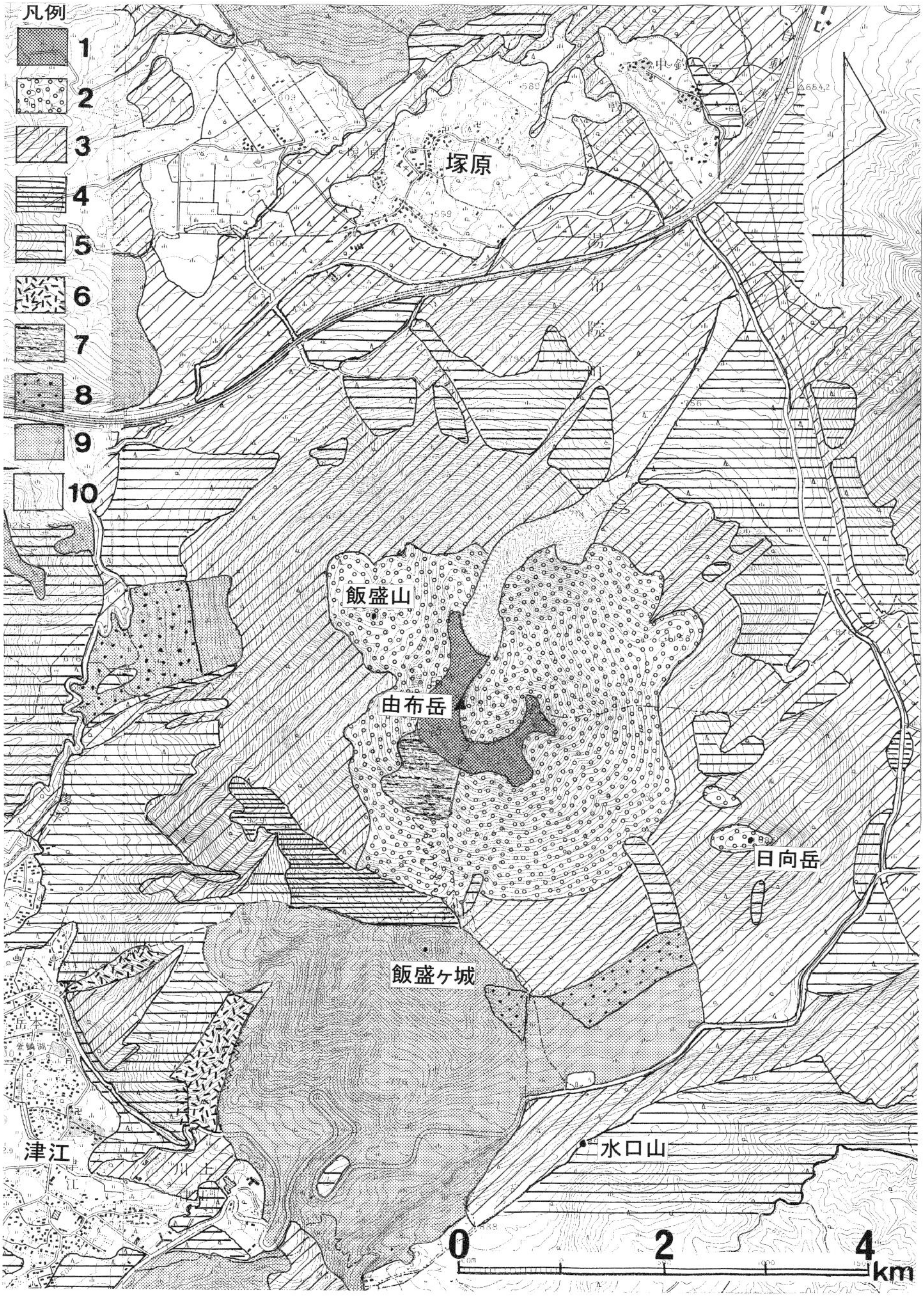


図３　由布岳とその周辺の植生図

凡例　1：風衝地植生（高山ハイデ）　2：夏緑広葉低木林　3：夏緑広葉樹林　4：マツ植林地
5: スギ・ヒノキ植林地　6: 伐採跡地　7: 草原　8: カシワ・ススキ草原　9: ススキ草原
10：畑・水田・その他　　（荒金他 1974 を参考に、現地調査、空中写真の判読により作成）

山地帯上部から亜高山帯に分布する多年草である。

標高一二〇〇～一四〇〇メートルを被うのはツクシヤブウツギを亜高木に、ヒメウツギを低木とした夏緑広葉低木林である（凡例2）。本来ならブナ帯となるべき地帯であるがブナは全く見られない。

溝口が白野の地形のところで述べていたように、かつては野焼きが行われていた草原であったが、野焼きが行われなくなってからウツギ類などの木本類が侵入し、遷移が進行した低木林と考えられる。そのような遷移の進行が遅く草原としての景観を残しているのが、東ノ峰と西ノ峰の分岐にあたるマタエとよばれる地点より下方の標高一二〇〇～一三五〇メートルに広がる草原（凡例7）である。草原とは言え、ミヤマキリシマ、ヤシャブシ、アセビなどの低木が侵入している。

この下方の標高八〇〇～一二〇〇メートルを被うのはクマシデ、タンナサワフタギ、コナラなどの高木層を主体とした樹高五～一〇メートルの夏緑広葉樹林である（凡例3）。樹高五メートル以上の森林の上限を森林限界とすれば、由布岳の森林限界は標高約一二〇〇メートルということになり、非常に低い位置にある。

また、クロマツ・アカマツ造林地（凡例4）は南西斜面の標高一〇〇〇～一一〇〇メートルの一部に、スギ・ヒノキ植林地は北東～西の山麓、由布岳頂上から見れば特に北側斜面に広く分布している（凡例5）。

かつて採草や放牧が行われていたススキ・トダシバを主体とした草原は標高約一〇〇〇メートル以下の南～南西斜面に分布する（凡例9）。草原の一部には、カシワ、クヌギが侵入して疎林化しているところも見られる（凡例8）。なお、由布岳南西山麓の標高五〇〇～七〇〇メートルにコナラの原生林があり、天然記念物に指定されている。

植生の観点からは、由布岳の景観の美しさは、まず第一に四季の変化を醸し出す高山ハイデ、低木林、夏緑広葉樹林によるところが大きい。新緑からミヤマキリシマの花の季節に移り、秋の紅葉が終われば樹氷の花が咲く季節を映し出す。もう一つは、放牧地として利用されてきた草原である。広く開放的な草原は夏は緑に、冬は黄土色に変化するだけではなく、孤立したカシワやクヌギもそれに彩りを添えている。

## 由布岳の景観生態学

火山は、コニーデ型やトロイデ型の山体、あるいは火口の凹地や火口湖、地獄とよばれるような噴気現象など個性ある景観を形成し、観光資源として第一級のものが多い。富士箱根伊豆、阿蘇くじゅう、雲仙天草、霧島屋久などわが国の国立公園の多くが火山地域を含むことがそれを示している。

さて、由布岳の景観構成要素としての地形と植生を中心に述べてきたが、由布岳の景観の魅力に関し、景観生態学的視点からまとめてみたい。

まず第一に、由布岳は本体の火山体と側火山から形成されており、頂上火口縁の一部が裂けていることから、視点場によって異なった山容となることである。由布院盆地から由布岳を見れば、双頭の頂きと北に延びた池代側火山のスカイラインが堂々とした由布岳の姿を現している。正面登山道の入口に立てば、コニーデ型の端正な裾野を引いた姿となる（写真3）。塚原集落から見れば、本体と側火山の溶岩ドームが重なりあい、重厚な姿となっている（写真4）。

第二は、標高約一二〇〇メートル以上には高木がなく、頂上付近は高山ハイデ状の植生となっていることである。気温の低減率に伴って生じる植生垂直分布からすれば、ブナやミズナラを中心とした夏緑広葉樹林に被われるはずである。しかし、由布岳は歴史時代まで活動を繰り

写真3　正面登山口から見る由布岳。きれいな裾野を引いた成層火山の形態を現している。（2011年11月）

写真4　塚原から見る由布岳。中央の由布岳本体の両側に側火山をもつ、重厚な様相を呈す。手前左の小丘は塚原の流山の一部。（2012年1月）

返してきた火山であること、また独立峰であるので強風にさらされることにより山頂現象が生じていること、さらには採草・放牧地として利用されてきた歴史などによって遷移が進まず、一二〇〇～一四〇〇メートルは夏緑低木帯、それ以上の標高帯は高山ハイデとなっている。

西田の調査によれば、山頂帯は夏の温度不足を示し年平均気温も市街地（別府）より六度低く、秋から冬の季節風が吹く間は降水量が少ない[14]。ここにミヤマキリシマ＝マイヅルソウ群落、ツクシヤブウツギ＝ヒロハヤマヨモギ群集や、ススキ＝ヒロハヤマヨモギ群集の草原が広がることを示している。この高山ハイデ帯やその下の草原は冬季には積雪に被われて白い由布岳の景観を演出する。

第三は夏緑広葉樹林帯の存在である。本来ならモミ・ツガ林となるべき植生帯であるが、火山灰土壌の影響により[15]、由布岳ではこれらの針葉樹は欠如し、イヌシデ、クマシデ、コナラ、タンナサワフタギ、イロハモミジ、リョウブなど新緑と紅葉が楽しめる明るい林相となっている。一部では草原放棄後の遷移進行による林地もあるが、由布岳の自然をなす景観要素として重要な役割を果たしている。

第四は草原の存在である。特に飯盛ヶ城の側火山周辺から野々草に広がる草原は、由布院盆地から、あるいは狭霧台からの由布岳の景観を印象づける重要な景観要素である。また、由布岳正面登山道から見る飯盛ヶ城が美しく見えるのは、この草原に被われているからである（写真5）。草原には、春はキスミレなどのスミレ類、ハルリンドウ、ツクシシオガマなどが、初夏にはシライトソウ、マイヅルソウなどが、夏から初秋へはワレモコウ、ユウスゲ、ツリガネニンジン、ヒゴタイ、キキョウなどの高原植物が次から次へ咲き続ける[16]。草原に咲く植物は、登山者のみならず自然を求める訪問者をも楽しませることができる。

## 景観保全の視点から

由布岳は九州を代表する名峰として多くの人達を魅了している。その由布岳の景観の魅力を景観生態学的視点から述べてきた。今日の湯布院の発展は、由布岳の存在を抜きにはなしえなかったのではないか。そうであれば、由布岳とその周辺の景観を保全・再生することが重要である。

由布岳は南半分のみ国立公園の指定を受け、北半分は無指定である。しかも、標高約一二〇〇メートル～山頂、猪の瀬戸および岳本のコナラ林地区のみ第一種特別地域で、他は第二種特別地域となっている。第二種特別地域は、「風致維持の必要度が中位であり、産業開発その他の行為については風致維持上必要がある場合は制限を加えることがある。ただし、努めて産業的利用と調整を図る[17]」とある。したがって第二種特別地域の網に被われているとしても、自然保護・景観保全の観点からは完璧ではない。由布岳における第二種特別地域は、多くは夏緑広葉樹林と草原であり、一部はスギ・ヒノキ植林地も含まれている。植林地以外の景観地は今後も保全して行くべきである。特に、草原は人間が火入れ、採草、放牧などの管理を継続して行かないと、遷移が進行して樹林に移行していく。牧畜業が衰退し、茅の需要がなくなった今日、由布岳とその周辺では草原が放棄されていく傾向にある。しかし、由布岳の草原は景観上重要な要素になっているので、維持・管理をしていきたい。ヨーロッパアルプスでは、牧畜業よりは美しい草原の景観を維持することを目的に、草原の管理（放牧、採草）をしており、その行為に対して州政府などが補助金を支給している。観光者・保養者はこのような美しい景観を求めてアルプスに訪れるからである[18]。由布岳においても、美しい景観を保全するために草原の維持が重要であるので、アルプスの支援制度を見習う必要があるのではないかと考える。

由布市においては、現在「由布市景観マスタープラン」の策定が進行中であるので、それが由布岳の景観維持と向上のために効力を発揮することを期待したい。

写真５　飯盛ヶ城の側火山の草原。（2011 年 11 月）

## 註

（1）池田安隆（一九七九）「大分県中部火山地域の活断層系」（「地理学評論」五二－一、一〇－二九）

（2）小林哲夫（一九八四）「由布・鶴見火山の地質と最新の噴火活動」（「地質学論集」二四、九三－一〇八）

（3）町田洋・太田陽子・河名俊男・森脇広・長岡信治編（二〇〇一）『日本の地形7　九州・南西諸島』東京大学出版会

（4）溝口岳人（一九五八）「お山めぐり」（加藤数功編『由布山』（湯布院町役場）一四八）

（5）奥野充・藤沢安弘・田島恵・宇井忠英・中村俊夫・小林哲夫（一九九九）「由布岳火山、池代および野々草火砕流堆積物の炭化木片の加速器$^{14}$C年代」（「名古屋大学加速器質量分析計業績報告書」一〇、一九九－二〇五）

（6）賀川光夫（一九五八）「由布山周辺の上古代」（加藤数功編『由布山』湯布院町役場、四二－一六〇）

（7）星住英夫・小野晃司・三村弘二・野田徹郎（一九八八）『別府地域の地質』地質調査所

（8）賀川光夫一九五八

（9）賀川光夫一九五八

（10）町田洋・太田陽子・河名俊男・森脇広・長岡信治二〇〇一

（11）池田安隆一九七九

（12）池田安隆一九七九

（13）竹村恵二・井上直人・由佐悠紀（二〇〇四）「由布院盆地の地下構造と堆積物に関する研究（2）」（「大分縣温泉調査研究會報告」五五、七七－八〇）

（14）西田實（一九七四）「由布・鶴見火山の気象 ― 温度、降水量および樹氷について」（由布・鶴見火山群学術調査団『奥別府の自然』別府市役所、三三一－四七）

（15）荒金正憲・中山孝則・生野喜和人・小田毅・後藤徹夫（一九七四）「由布・鶴見火山地域の植生と植生図示」（由布・鶴見火山群学術調査団『奥別府の自然』別府市役所、四八－八八）

（16）立石敏雄（一九五八）「由布岳の植生」（加藤数功編『由布山』（湯布院町役場）九三－一一二）

（17）畠山武道（二〇〇一）『自然保護講義［第2版］』北大図書刊行会

（18）横山秀司（二〇〇八）「オーストリアにおける山岳景観の保全と観光」（「商経論叢」九州産業大学、四八－三、五三－六八）

## 参考文献

大分県速見郡教育会（一九七三）『豊後速見郡史』（一九二五年刊行の復刻版）、名著出版

横山秀司（一九九五）『景観生態学』古今書院

# 由布岳と信仰

甲斐素純

## 柚富の峰と柚富郷

古代律令制度が整えられると共に、和銅五（七一二）年には『古事記』、養老四（七二〇）年には『日本書紀』の編集が成就した。

そして国史の編纂事業と並んで、政府は地誌の編纂にも着手した。『古事記』が完成した翌年（和銅六年）、諸国へ官命を発し、

一、郡郷名に好字をつけること、
二、郡内に生産する銀銅・彩色・薬木・禽獣・魚虫などの種類を記録、
三、地味の肥えているか痩せているか、
四、山川原野の名称の所由、
五、古老相伝の旧聞異事を史籍に記載すること、

などをさせた。

この官命に従って諸国から提出させた記録が、いわゆる「風土記」である。その一部が今日に伝えられているもので、『豊後国風土記』もその一つ。

ところで平成の市町村合併で、旧湯布院町は大分川水系の狭間町・庄内町と合併して「由布市」となった。それ以前は大分郡湯布院町と行政表記されていたが、

由布岳周辺の村々『町誌湯布院』本編（湯布院町発行）より作図

もっと以前は別府市などと同じく古代以来速見郡に属していた。

『豊後国風土記』の速見郡の冒頭部分には、「速見郡郷《さと》伍所、里十三、駅弐所、烽《とびひ》壱所」とある。ちなみに豊後国には、「郡八所、郷四十、里百十」とある。この五カ所の郷（『和名抄』に依ると、朝見・八坂・由布・大神《おおが》・山香）の一つに、柚富《ゆふ》の郷がある。

なお由布郷の範囲は、旧湯布院町内はもとより、現別府市の山の口・椿・東山・天間《あまま》、あるいは湯布院町塚原を含めた由布岳周辺一帯をいう。

ではその「柚富の郷郡の西に在り」について風土記では、「此の郷の中に栲《たく》の樹多《さは》に生ひたり。常に栲の皮を取りて、木綿《ゆふ》に造れり。因りて柚富《ゆふ》の郷《さと》と曰ふ」（原漢文）とあり、湯布院の地名の由来を記している。栲の皮をとって温泉の地獄に蒸し、木綿を造ったのである。木綿は神に供える幣帛《へいはく》の一種で、神職が祭典の時衣服の袖をかかげるのに用いる時、それを「木綿襷《だすき》」といい、冠に結ぶ時には「木綿鬘《かずら》」と呼び、榊に結び下に垂らすのを「木綿垂《しで》」という。

柚富郷には、国の正史である六国史《りっこくし》や『延喜式』にも記された「宇奈岐日女《うなきひめ》神社」が鎮座（後述）しているが、郷の民が造ったこれら木綿も、当然この土産《うぶすな》神《のかみ》の幣帛として、神前に供えられたことであろう。

## 柚富峰

『豊後国風土記』は「柚富の峰柚富の郷の西に在り」について、

此の峰の頂に石室あり、其の深さ一十余丈あり、高さは八丈四尺、広さは三尺余りなり。常に氷の凝《こお》れるありて、夏を経れども解けず。凡て、柚富の郷は、此の峯に近し、因りて以って峯の名と為す。（原漢文）

と記し、山頂にある石室の氷を特記している。千三百年前、標高一五八四メートルの由布岳頂に登り、石室の大きさなどを調査している。

この石室に至れば、夏でも溶けずに氷が入手できたのである。冷氷器のないかつての人々（明治中期まで）は、この氷を珍重したことであろう。当時氷は宮廷や貴族にとって貴重なもので、ために『風土記』に記載されたものであろう。夏の暑い盛り、時にはこの石室の氷をとり厚い布などに包み、大いそぎで豊後国府などへ献上されたのかも知れない。

由布岳については、この外に、『万葉集』に二首詠われているが、別項に譲る。

## 由布郷と由布院

『和名抄』には由布郷とあるが、その後この地は「由布荘（院）」と呼ばれた。宇佐神宮の神宮寺、宇佐弥勒寺の荘園である「浦部十五箇荘」（八坂荘・大神荘・山香荘・日出荘・由布荘・伊美荘・岐部荘・臼野荘・香々地荘・竹田津荘・真玉荘・姫島・都甲荘・草地荘・藤尾寺）の中に含まれていた。十一世紀頃の成立。

また『弘安図田帳』には、「由布院六拾町、戸次太郎時頼法名道恵・三郎重親相続」（『鎌倉遺文』第二十巻一五七〇一）とある。

図田帳は、鎌倉時代弘安八（一二八五）年当時の豊後国の土地とその領有関係を知る基本文献である。同年十月、幕府は西国の守護にその管轄下の土地を一斉に調査させた。この中には、寺社権門勢家の荘園・公領・領家・預所・地頭・弁済使などの名前や田数が、郡別に記されている。

図田帳書き上げ当時、由布院の地頭職は大友二代親秀の子戸次重秀の子である戸次時頼（親）・同重親が帯していた。兄弟でこの由布院の外、戸次荘（大分市）を中心に速見郡・大野郡・海部《あまべ》郡・国東郡にわたり計三百五十町余りを領有していた大友の有力一族である。由布院の領家は宇佐八幡宮で、摂関家を本家と仰いだ。

由布院の「院」は、東大寺正倉院などの院と同じで、豊後では外に野津院・佐伯院があり、豊前では安心院《あじむ》・鹿児島では伊集院がある。

延暦十四（七九五）年の「太政官符」に、正倉院が出てくる。正倉院は正税《しょうぜい》を徴収する倉院であり、全国各地に正倉院が置かれた。農民から徴収した稲、粟などの租税を収蔵するための倉庫を、各国の政庁やその下の「郡衙《ぐんが》」（郡家）に数棟から数十棟置き、策土をめぐらしてそれを正倉院・倉院、あるいは院ともいった。郡司の任務の主なものは、この正倉院の管理であった。
郡家は、一郡一院で、郡家の所在地にそれぞれ院が置かれたが、僻地の農民の納税の便を図るため、郷が隔っている場合は、郷毎に一院を置いた。弘仁十四（八二三）年大宰府は、由布郷分院を置き由布の院といったが、後に地名として呼ばれるようになった。

## 盆地の開発と宇奈岐日女

### 一神から六神へ

由布院盆地の開発にまず携わったのは、いったいどのような人々であったのか。「広報ゆふいん」に連載された、昭和五十九年三月号の「ふるさとを知ろう」の中に、つぎの伝説が紹介されていた。それによると、由布院盆地は太古の昔大きな湖で、水が満々と湛えられていた。そこで、

　ある日、由布山の山霊神の化身《けしん》である宇奈岐日《うなきひ》女《め》の神が、力自慢の従者『権現』に「権現、お前は力持ちゆえ、岸辺の一部を蹴破って、湖の水をなくしてみよ」と、お命じになった。この大きな任務を受けた権現は、湖の周りを一巡して、今の国鉄久大線の南由布駅近くの前徳野のあたりが、湖の壁のうちで一番薄いことを発見しました。「よし、ここぞ！」と心に決めて、右足を高くあげ、満身の力をこめて「エイッ！」と、気合いもろともに、縁《ふち》の一角を蹴とばした。力自慢のひとけりで、さすがに岸辺の山肌を見事にくずれ落として、大きな谷間がぽっかりと開き、湖の水が音を立てて流れはじめた。そして、湖はみるみるうちに減水し、現在の素晴らしい盆地が出来上がったのであります。（中略）力持ちの権現のために、由布院盆地開拓の恩人として、中川の字「なべくら」すなわち蹴破った谷間を真下に見下ろせるところに、村人達は蹴裂権現社《けさきごんげんしゃ》をつくり信仰の対象としたそうです。

とある。ここに登場する宇奈岐日女の神とは、由布院人にとって古代から今に至るまで最も親しみのある神で、現由布市湯布院町大字川北字谷にご鎮座の「宇奈

岐日女神社」（六所宮）のことである。同神社は、延長五（九二七）年に完成した『延喜式』にも延喜式内小社として、また国史見在社として、六国史《りっこくし》のうち『続日本後紀』『日本三代実録』にも、「豊後国宇奈岐比咩神」に神階が授けられた記事がある。このようにこの神は、古来よりその名が中央にも知られた古社である。

由布院盆地開拓の伝説を題材にした想像画
（川西小学校３年生佐藤慎司君の作品）

太古より人々は、神や仏の絶大な威力を信じ、敬虔な信仰・祈りを捧げてきた。郷土由布院では、時代の推移と共に八幡神や天満神、その他の神々が次第に勧請されたが、古くからこの由布院盆地の開発と共に祭られた神は、この伝説にも登場する「宇奈岐日女神」であった。

この神は、由布岳（木綿山）と切っても切れない間柄にある。同社の呼称は、明徳三（一三九二）年頃に書写された「大般若経」（大字川上仏山寺所蔵）六〇〇巻のうち、五百内九帙《ちつ》の帙箱の底に墨書された銘には、

豊後州由布之院六所大権現之御寶殿之御經芭（也）、願主比丘源斎、百巻之願主覚本 旹《ときに》明徳三壬申㞢（歳）十月初二日

とあり、「六所大権現」とある。また岡藩で編纂され享保三（一八〇三）年に完成した『豊後国志』には、「土人稱ニ六社権現一」とある。さらに、宇奈岐日女神社所蔵の『豊後国延喜式内六神社考』には、宇奈岐日女神は「木綿嶽明神ト称シ、六所権現ト言フ」とあるように、少なくとも十四世紀末以降地元では、このように六社（所）権現とも六所宮とも呼ばれて、現在に至っている。

この六社・六所とは、六柱の神々を指しているが、これらの神々は宇奈岐日女神社の発生当初にはなかったものと思われる。つまり嘉祥二（八四九）年には、

宇奈岐比咩神に従五位下を授けたとあることから（『続日本紀』）、当初はこの神のみであったと考えられる。後世修験道の発達と共に、また由布岳の山岳信仰と共に、「六」という観念が移入・習合したものと思われる。ちなみにこの六柱の神々は、国常立尊《くにとこたちのみこと》・国《くに》狭槌尊《さずちのみこと》・彦火火出見尊《ひこほほでみのみこと》・彦波瀲武鸕鷀草葺付《ひこなぎさたけうがやふき》合《あえず》尊《のみこと》・神倭磐餘彦尊《かんやまといわれひこのみこと》・神渟名川耳尊《かんぬながみみのみこと》の六神（現在の奉祭神）で、宇奈岐日女神社の神宮寺である「仏山寺」の、寺伝・縁起とも深く関連する。

　同社を含め国内の式内社を簡潔にまとめた唯一のものとして『式内社調査報告』全二五巻がある。その中の「宇奈岐日女神社」（中野幡能）の解説によると、

　由布院は彌生以来の遺跡をもつ沼である。動物のウナギを沼澤の精霊として祀ったのが、古来の祭神ではあるまいか。これが平安時代の修験道の盛んなころ、木綿山の神とも融合し、熊野修験や六郷山修験などの影響で六所権現とか六社権現といはれるやうになったものであろう。

（第二四巻西海道、一三四頁）

とある。中野博士は、「動物のウナギを沼澤の精霊として祀ったのが、古来の祭神ではあるまいか」とし、「神殿の周囲は池でかこまれ、池を祭ったと思われる點がある」という。これは、同社の名称である「宇奈《うな》岐《ぎ》」から考えられた説と思われる。

　なおこれに関連して富来隆・佐藤暁両氏は、「由布院盆地をめぐる神々」（『大分川流域―自然・社会・教育―』昭和六十一年三月、大分大学教育学部）に於いて、

「宇奈岐」を「うなぐ」という動詞から出た言葉で「首にものをかける」（おそらく勾玉などをかける）媛と意味を解する向きも生まれた。しかしこれは些か無理にちかいと言うべきではなかろうか。

　金関丈夫博士は、「すなおにウナギ姫＝鰻《うなぎ》の媛としてどうであろうか。岳本池＝金麟湖の主《ぬし》たる女神と解して如何か」と語られたことがある。そしてまた「この神社の周りに濠《ほり》がはり巡らされている。これは神社のもっとも古い形を示すのでは

ないか」と教えられた。一々首肯すべき点が多い。宇奈岐日女は、由布山の神（木綿《ゆふ》明神）であると共に、御神池たる岳本池にまつわる伝承をもつ女神でもある。神池の主たる女神と解してもよいであろう。

（二〇八～九頁）

という。そしてこれを朝鮮語で、辞書でさがすと「溜池」とある。そのことからして、「うなぎ姫」とは、「池の主の姫」という意味になるという。

宇奈岐日女神社本殿・拝殿

古来より土地の開発・開墾は、水との戦いでもあった。農作物を作る場合、この水をいかに引き込み利用するか、古来より人々は治水に頭を悩ませ続けた。また、旱魃の際には、水の精霊に敬虔な祈りを捧げて、自然の恵みを願う雨乞いを行った。神々の住まいである神殿が池に囲まれているということは、祭祀当時の原型を、よく止めているのではないだろうか。伝説に、この盆地が湖であった頃、湖中に龍が住んでいたというのも、水と関連する。龍神の安住の地であったという「金鱗湖」は、慶長の大地震で狭くなったらしいが、今も大分川の水源地の一つである。この水源の母体となるものが、由布岳である。ゆえに、宇奈岐日女神社は由布岳の精霊そのものでもある。

### 宇奈利から宇奈岐へ

由布院盆地の湖水流出伝説と類似する伝説、つまり神や英雄が湖沼・渓谷などの一方を蹴り裂いたり切り開いたりする伝説は、『大分の伝説』上巻（梅木秀徳・大分合同新聞社）に依ると、由布院だけでなく全国に散在しているという。近くで比較的有名なものに、肥後の阿蘇盆地誕生の伝説がある。そこでは、「ナマズ」が関係する。盆地内にご鎮座する「阿蘇神社」（延喜式名神大社・肥後一の宮、熊本県阿蘇市一の宮町宮地）には、阿蘇盆地を開拓した健磐龍命《たけいわたつ》を主神に、一二神が祭られている。

『日本の神々　神社と聖地』第一巻・九州（白水社）の「阿蘇神社」の解説（井上辰雄）によると、

> 『阿蘇家伝』神宮之巻鎮座ノ条によれば、筑紫平定のために派遣された健磐龍命は、阿蘇国に下向したが、その国内は水海にして青山四連しているのを見て、西の山を蹴落《けお》とし、水を流して国土経営にかかり、歳神《としがみ》を祀って百穀を播殖し、霜神を斎《いわ》って豊熟を祈ったという。熊本県上益城郡嘉島町の鯰《なまず》の地名も、『肥後国誌』によれば、「往古、阿蘇大神、数鹿流《すがる》ヲ蹴落シテ、阿蘇湖ヲ乾シ給フ時、湖主大鯰アリ、流出シテ、此所ニ止ル、故ニ地名ヲ鯰ト称スト云」とあり、独自の阿蘇神話が広くこの地にも伝えられていたことを窺わせる。だが、「健磐龍命」とは、阿蘇が火山であることから推して、本来は火山神として祀られた神であったろう。
> （三三八～三三九頁）

とある。そして以下事例をあげ、健磐龍命は龍神に変わっていったようであるという。つまり「健磐立」より「健磐龍」にかわっていったという。

阿蘇のカルデラ内が、湖であった時の主がナマズである。健磐龍命は山を蹴破って水を流したが、大ナマズがその流れをふさいだのでどうすることもできなかった。そこで大ナマズにお願いして、立ち退いてもらった。そして無事盆地の水が流れ、平野が出現したのである。このため、阿蘇神社に仕える神職や盆地内の人々は、このナマズに敬意を表して、絶対にこれを食しないという。

阿蘇盆地には、阿蘇神社ともう一社大切な神社として「国造神社」がある。その境内には「鯰社」があり、大鯰の霊を鎮めまつるという。国造神社は阿蘇開発の原点と見なされているが、鯰はより古い土着の神、地主神を象徴するものと見なされている。

このことは、由布院盆地の開拓神話とも類似し、そのままあてはまるのではなかろうか。江戸時代に編纂された伊藤常足著の『太宰管内志』や、唐橋世斎らの編纂した『豊後国志』には、宇奈岐日女神と木綿山

（由布岳）との関連をといており、もともと由布岳を神体山とする火山神であった。それが農耕神へと変化し、神名「宇奈岐日女」となり、後世再び由布岳と結び付き、修験の移入と共に六所権現へと、変化していったものであろう。

阿蘇神社の研究で著名な熊本大学教授杉本尚雄著の『中世の神社と社領〜阿蘇社の研究〜』（昭和三十四年、吉川弘文館）所収の「火山への祈禱」では、

平安初期以降、阿蘇山は新しい祈禱仏教と習合して中央政府に著聞するのであるが、その機能的特徴は火山活動、就中噴火口の異変が国家、政府の災変の前兆として畏怖されるという点にあった。（中略）

富士山が浅間大神として信仰されたように、豊後の鶴見岳は火男神・火売神として、薩摩の開聞岳は開聞神としてそれぞれ信仰された。その火山活動の異変は、人間がそれを汚したためであるとか、祭りようが足りないためであるとか種々に判断せられたが、結局それは火山を人間化し、その意味の働きを想像したものである。（中略）変化があれば太宰府から中央政府に報告される。そこに神の怒りを宥めるために種々の処置がとられたが、神位神階を上げるとか、封戸を賜わるとか、度者をおくとか、神主を優遇するとかいう如きことが頻繁になされたのである。（九〜一〇頁）

と解説している。まさにその通りで、豊後の鶴見岳・由布岳火山神の神位の昇進も、同様の配慮からなされている。

阿蘇神社では、旧暦六月二十六日に大宮司も出輿し、「御田祭《おんだ》」がとり行われる。ここでは、白装束に白頭巾・白足袋姿の十四人からなる「ウナリ」が、頭の上に神饌を捧げて行列する。

このウナリと呼ばれる世襲の巫女こそ、農耕を司る田の神々に仕える神女であり、本来司祭者・神官であったと考えられる。由布院盆地でも、このような農耕儀礼が、方法は異なれど古来行われていたことであろう。

しかし、いつの頃からか廃れて、五穀豊饒を司る農

業神としての神名が後退し、そこに奉仕する「ウナリ」と呼ばれる神聖な姫《ひめ》の名称が、表に登場してきたのではないだろうか。つまり、元々は農業神・水神を祭っていたが、いつの頃からか「宇奈岐日女神社」と変化したのではないだろうか。一説にこの神名は、勾玉などを首からかけた女神の意であるともいうが、これは本来神への奉仕者としての巫女の姿であり、神そのものではない。

　このような巫女こそ、神の意にたいして政治を司る為政者であり、その土地の首長（祭政一致）でもあった。由布院を最初に支配した者は、この勾玉を首にかけた、あの有名な卑弥呼のミニチュア版宇奈岐の姫であったのかもしれない。

『豊後国風土記』速見郡、『日本書紀』の景行天皇の条に、「景行天皇」の名と共に登場する豊の国の一首長「速津媛《はやつひめ》」は、あるいはこの名が示すように、速見郡地方を勢力圏とする女首長であるとすれば、この宇奈岐日女のことかも知れない。『日本書紀』には、「速津媛の社」として、次のようにある。

冬十月《かみなづき》、碩田国《おおきたのくに》に到ります、其の地形《ところのかたち》、廣《ひろ》く大《おおき》にして亦麗し、因りて碩田と名つく、速見邑に到ります、女人有り、速津媛《はやつひめ》と曰ふ、一處《ひとところ》の長《おさ》たり、其れ、天皇《すめらみこと》車駕《みゆき》すと聞きて、自ら迎へ奉りて、諮《もう》して言《もう》さく、茲《ここ》の山に大なる石窟《いわや》有り、鼠石窟と曰ふ、二つ土蜘蛛《つちくも》有り、其の石窟に住めり、一を青と曰い、二を白と曰ふ。　（原漢文）

つまり、景行天皇は豊前国から「碩田国」に至った。そして速見邑に至った時、速津媛という女人がいて彼女は一処の長であった。一番早く無条件に服従した速津媛は、天皇に言上することには「茲の山に大なる石窟有り」といい、そこには二つの土蜘蛛《つちくも》が住んでいるという。

中央の朝廷に従わない地元勢力を、豊前では「鼻垂《はなたり》・耳垂《みみたり》」といい、豊後では「土蜘蛛」と表現している。速津媛に関しては明治七年の「古社調」（『大分県史』古代編1、四三七頁）に依ると、

大分県第二大区豊後国速見郡若杉山石原村鎮座、

伏魔社《ふくま》　若杉
　　祭神　速津媛《はやつひめ》

由緒　景行天皇之西征、速津媛出迎ヘ賊ノ形勢ヲ奏ス、天皇已ニ賊ヲ殲シ、因テ、邑ヲ速津媛ノ国ト云、後人改テ速見ノ郡ト云フ事、詳ラカニ景行記及ヒ豊後風土記ニ見エタリ、

とある。若杉山石原村は旧湯布院町大字川上並柳の北で、「若杉社」がある。由緒によると、神社といっても創立年代も不明で、社殿もない。伏魔山の山腹、池上の石躰が神社で、ひでりの年に雨乞の祭りをするだけだという。

この速津媛以外にも『豊後国風土記』日田郡の項には、「久津媛」が登場し、また「五馬山」には「五馬媛」が土蜘蛛として登場し、それぞれを祭神とする社(久津媛神社・玉来《たまらい》神社)がある。

宇奈岐日女神社の創祀・縁起に、景行天皇が登場するのも、何か因縁がありそうである

## 六所宮と仏山寺

### 自然崇拝と仏教伝来

平成元年二月に完成した『町誌湯布院』(湯布院町)の本編「信仰今昔」を執筆した仏山寺前住職足利宗彦氏は、冒頭の「山の信仰」でまず次のように記している。

原始時代には、火山の噴火・地震・津波・台風・落雷・豪雨、また、それに伴う干ばつ・冷害等の自然現象が現在よりもっと規模が大きく、そして頻繁に起こったであろうと思われる。当時の人々にとっては、その原因を解明できず、ただ神の怒り、悪霊の祟りによるものと考えたにちがいない。これを避けよう、鎮めようとすることから、祈りや呪術などが生活の中で大きな役割を占めるようになった。(中略)ここ由布・鶴見をめぐる地方では、まず、火山の噴火によっておこるさまざまな現象が人々の信仰的関心事となったことは

想像に難くないところである。
また「山岳崇拝」の項では、

私たちの遠い祖先は、山を神のましますところ、または山そのものを神として崇拝した。天孫降臨の高千穂峰の神話はよく人の知るところであり、今でも神殿をもたないで山自体が神社である例がいくつかあるが、そこでは鳥居だけが建てられ、山全体をお宮としている。

万葉集にも、「天降りつく神の香具山……」とか、「神さびて高く貴き……」とか山を神として仰ぐ歌が多くみられる。特に火の山は人々のおそれと崇敬の対象となった。富士山は浅間大神、鶴見は火男火売《ほのおほのめ》の二神、由布は宇奈岐日女《うなぎひめ》の神そのものとされていたのではないかと思われる。

豊後の国は、山国で自然環境が厳しく、山岳崇拝が盛んであったことは、式内社についてもいえる。

健男霜凝日子《たけおしもこりひこ》神社は　祖母山
西寒多《ささむた》神社は　本宮山
早吸日女《はやすいひめ》神社は　早吸瀬戸
火男火売神社は　鶴見岳
宇奈岐日女神社は　由布岳

このように豊後の式内社では、海や山を信仰する自然神ばかりであるのも全国的に珍しい存在といわれている。

という。

このような、日本古来よりの自然崇拝より発生した神道・神社であるが、やがて仏教が大陸より伝来してくる。

先にもみてきたように、由布・鶴見両山は神の存在する山であり、火の山であった。それが康保年間（九六四～六八）に天台僧「性空《しようくう》上人」の来山で、由布・鶴見・日向の三山を修験の山として回峰する回峰行・峰入行が行われるようになった。鶴見岳では御嶽《おんたけ》権現の神域中に、行常寺・福寿寺・実教坊・光林坊・釈杖院などの坊中寺院があった。

江戸時代、鶴見でもまた由布でも回峰行が行われていたのでないかと、仏山寺和尚はいう。しかしそれも、明治政府の神仏分離政策で明治五年に修験道廃止令が出され、山伏は神職や農民に還俗したり、僧侶として残るものもあった。

ちなみに鶴見岳では、昭和三十七年十二月にロープウェイが開通すると、鶴見禅定の参拝コースを設定して、毎年七月下旬の日曜日に別府市鉄輪《かんなわ》の鶴見山寺が祭主となり、「峰入り大祭」を行っている。

## 性空と由布岳・鶴見岳

鶴見岳

天台僧性空は、心身修練の道場として、宮崎県の「霧島六社」の興隆に力のあったことは、各種の文献で明らかである。

『続日本紀』承和四(八三七)年八月の条に、「霧島岑神社」(霧島中央六所権現、宮崎県小林市細野)が記されているが、後世上人はこれら六カ所の霧島神社に六道応現の観音菩薩を安置し、本地とした。

その後康保年間上人は、日向霧島から由布に移り、由布・鶴見・日向三山に六観音霊場をつくり、日向宮崎と同様の配置で一大霊場とした。性空(九一〇〜一〇〇七年)は従四位下橘善根の子で日向に住み出家して霧島山を中興し、由布・鶴見を開き、その後筑前の背振山に移り、のち播磨の書写山円教寺に住んだ。ここには花山天皇や多くの貴人も訪れた(『扶桑略記』)。

塚原の「霧島神社」の由緒も同じで、同社では旧正月元旦未明に、神社でかがり火を焚いた。氏子代表はこの火種をもって由布岳頂に登り、御来迎と同時にかがり火を焚いて、農作を祈願するしきたりがあった。

鶴見岳を御神体とする、「火男火女神社」の由緒についても『豊後国志』には、

> 宝亀三年(七七二)二月、日向国諸県郡の霧島の神、豊後国鶴見の峰に降り給ふ、国司紀朝臣鯖麻呂、その霊兆をきき以て祠を建て祭奉るに因る、以て官社に列す、霧島大神火男火売と称す神、是

なり、

とある。

鶴見岳噴火の初見記録としては、『日本三代実録』巻十四の貞観九年二月の条に、「二十六日、（中略）大宰府言う、従五位上火男神《ほのおのかみ》、従五位下火売神《ほのめのかみ》、二社豊後国速見郡鶴見山嶺に在り、山頂に三池在り、一池は泥水の色青く、一池は黒く、一池は赤し、去る正月廿日、池震動し（以下略）」とある。噴火口の鳴動とその後の地殻変動、大噴火、天に柱する炎火、沙泥の降灰と鳴動、流れ出る熱湯、飛乱する大小の岩などの悲惨な状況が、太宰府から都へと報告されている。

これらを間近に接し、山を神と崇める民衆の驚きは、想像に余りある。上代の人々は、このような大噴火は、まさに神の怒り以外の何物でもなかったのである。先の長崎県雲仙・普賢岳（一三五九メートル）の大災害を起想させ（平成三年六月発生）、荒れ狂う被災は、今も往古も変わりない。それは朝廷や民衆の更なる神への祈り、鎮謝へとなった。

『日本三代実録』巻十四、貞観九年夏四月三日の条には、朝廷では豊後国司に命じて火男火売二神に対して、大般若経を転読し、鎮謝させている。三池震動（噴火）の恠《かい》があったためである。

また前書の同年八月八日の条によると、朝廷では再び大宰府に命じて噴火による山崩れの鎮謝祈禱を命じている。ついで八月十六日になると、朝廷は火男火咩神に対し、正五位下を授けている。

現在別府市には、「火男火売神社」と称する神社が二社ある。鶴見に鎮座する式内社「鶴見権現」（鶴見社）と、東山に鎮座（霧見岳別峰の頂上よりやや下った所）する「御嶽権現」（岳宮）である。なおこの御嶽権現境内には、総高一・八メートルの「宝塔」があり、大分県指定の文化財となっている。塔身に「元かう二ねんミのへいぬとし二月十五日」とあり、弥陀・釈迦・薬師・観音仏が四方に、舟形光背の中に半肉彫りで刻まれている。元亨二（一三二二）年の造立で、神宮寺の隆盛を知る好資料である。

また境内林は「御嶽権現社の自然林」として、県の指定天然記念物である。

## 六所宮と仏山寺

六所宮（様）とは、地域の人々が親しみを込めていう通称名で、正式名は「宇奈岐日女神社」。ご祭神は、『豊後六神社考』には、次のようにある。

国常立尊《くにとこたちのみこと》　天地初めて出来上がった時、一番先に生まれた神（書紀）

国狭槌尊《くにのさづちのみこと》　国常立尊の次に出現された。

彦火火出見尊《ひこほほでみのみこと》　別名、山幸彦。よく山の幸を得るなり。

彦波瀲武　尊《ひこなぎさたけるのみこと》　彦火火出見尊の第三子にて、神武天皇の父。

神倭磐余彦　尊《かんやまといわれひこのみこと》　神武天皇。

神渟名川耳尊《かんむなかわみみのみこと》　神武天皇の第三子、綏靖天皇なり。

（『町誌湯布院』本編一一九八頁）

しかしこの中には、社名の宇奈岐日女の祭神はない。創建当時、当社は確かにこの神を祀っていたはずであるが、いつ頃かこの六神・六所が表に出てきている。

六所宮が登場する資料で確かなものは、明徳二、三年（一三九一、二）年筆写の仏山寺所蔵「大般若経」である。発見・調査は『町誌湯布院』編纂途中の昭和六十二年十二月十五日で、調査者は別府大学教授の渡辺澄夫博士と筆者である。当時の感想を含めて詳細については、『町誌湯布院』別巻に筆者が、「大般若経からみた由布院」と題して収録しているので、ここでは、その一部のみ引用する。乞ご参照。

仏山寺所蔵の大般若経は、破損が激しく、その取扱にも相当苦慮したが、逆に考えれば、長年の人災・天災にも難を逃れ、風雪に耐えてよくも今まで、まがりなりにも残ったものである。

ご承知のごとく由布院には、早くからキリシタン信仰が広まり、豊後のキリスト教布教の重要拠点として位置付けられていた。キリシタンの関係史料をみると、一時期由布院ではそこに住むほとんどの人々が、入信したといっても過言ではないくらい、盛況を呈していた。町内大字川上並柳墓地（県指定史跡）にある多くのキリシタン墓をはじめ、関連墓地がそれらをよく物語っている。キリスト教が広まった地域では、必ず信者によって多くの貴重な神社・仏閣などの諸建造物をはじめ、仏像・仏具や経典類が、破壊・焼却されている。由布院においてもしかりで、旧習を一蹴せんと、その時期多くの文化財が破壊された。このような時に、人の目にも止まり易い大般若経六〇〇巻が、キリスト教伝道とそれの及ぼした人災から、無事免れ得たのである。また、天正一四年（一五八六）末から翌年三月にかけての、薩摩の島津軍の豊後蹂躙《じゅうりん》や、慶長元年（一五九六）七月に起こった、椿山の大崩れなどの天災にも、難を免れたのは不思議としかいいようがない。

大般若経を収める帙《ちつ》箱（五百内九帙）の内側底墨書銘によると、「豊後州由布之院六所大権現之御寶殿之御経芭（也）、願主比丘源斎、百巻之願主覺本、旹明徳三壬申㞢（歳）十月初二日」とある。六所大権現の宝殿に収めるための御経である。

## 六所宮と材木伐採

六所宮について記した中世文書が、他に一点ある。

大友義統書状

数度如㆓申候㆒、當社御造営之事、無㆓油断㆒可㆑被㆓相調㆒候、殊本社材木取之事、於㆓由布院六所㆒採用専一ニ候、奉行中被㆓申談㆒、早〻以㆓越山㆒、霜雨前可㆑被㆓取調㆒事肝要候、聊不㆑可㆑有㆓緩之儀㆒候、恐々謹言、

卯月十六日　　義統（花押5）

大宮司殿

（麻生孜氏所蔵、縦二六・九×横三九・四センチ）

（『大分県史料』第九巻「天満淵神社文書」）

それは、天正十一年から同十三年頃の卯月十六日付大宮司あての大友義統書状。大分市上八幡《やはた》に鎮座する柞原《ゆすはら》八幡宮（旧豊後国一の宮、国弊小社）の御造営用の材木を、由布院六所より油断なく相い調《ととの》えよと言うものである。柞原八幡宮の造営用途に適うだけの木材が、六所宮にあったことを示している。それは、現存

する社叢の数十倍の、相当大規模な範囲をしめ、そこには大木が相当数林立していたことであろう。

その後、慶長の大地震や平成三年九月の台風十九号被害などで、かなりの大木・巨木が失われた。平成三年の台風は未曾有で、記憶に新しいところである。その折りこの六所宮も大打撃を受け、多くの倒木があった。その内の数本の根株は掘り起こされ、参道右側に展示されている。

仏山寺観音堂

なおこれより以前、昭和五十五年八月に町教育委員会は、専門家に境内林の調査を依頼している（報告書は、『町誌湯布院』別巻に収録）。それに依ると、海抜四六〇～七〇メートルの地に、胸高幹囲三〇〇センチを超えるスギの巨木が林立して高木層をなし、ユズリハなどの自生樹を亜高木層として豊かな境内林を構成しているという。本調査では年輪等樹齢の調査はしていないが、幹囲三～五メートルのもの三四本、五メートルを超えるものが一〇本あるという。

戦国末期において、大友義統より柞原八幡宮大宮司あての六所宮よりの巨木調達の命令を受けて、六所宮では巨木の伐採がなされたのである。材木は梅雨の大雨・洪水を利用して、大分川を「川流し」された。その水運方法等については、筆者が『町誌湯布院』別巻に他の事例を挙げて詳述しているのでご参照されたい。

## 仏山寺と六観音

「信仰今昔」に依ると、「仏山寺に伝わる伝説に依れば」として、

人皇第六十六代一条天皇ノ御宇、性空上人扶桑巡化ノ折柄、日向霧島明神ニ参篭シ、法華経一千部書写ノ霊地アラバソノ地知ラシメタマヘト祈願シ玉ヘバ、明神六観音ノ相好ヲ現シ告テ曰ク、是ヨリ西北豊の国ニ高山アリ、山腹、奇巌孤絶ノ処

アリ行イテ経文ヲ誦スベシ。我モ彼ノ所ニ行テ蒼生ヲ恵ムベシト、上人此国ニ来リ由布山ニ登リ玉ヘリ、果シテ岩嶂アリ、是スナハチ神勅ノ処ナリト、岩下ニ坐シテ誦経シ玉ヘバ岩中鳴動シ、「具一切功徳慈眼視衆生」（一切の功徳をそなえ慈眼は衆生を視る）ト響キケル。上人、奇異ノ思ヲナシ、是レ正シク観音ノ示現ナリト、彼ノ岩ヲ抜キテ自ラ観音ノ尊容ヲ彫刻シ、岩窟ニ安置シ、

とある。また町内各寺院の紹介記事の中で足利宗彦氏は、仏山寺を次のように紹介している。

里人が木を切らない山はおおむね、その昔崩壊した所だといわれている。慶長の山崩れは言語に絶すものがあり、岳本のコナラ原生林もそのことによるものかと思うが、それだけに慶長の山崩れは言語に絶するものがあったのではなかろうか。その崩壊の後、性空上人自刻の観音像一体を村人が拾いあげてまつったという所から仏山寺が再出発する（中略）

明暦の頃（一六五〇年代）臨済宗仏山寺として新しい出発をなすべく、万寿寺（大分市、当時は臨済宗全国十刹の一）の第三世乾叟を開山として請じたようである。禅宗寺院ではどの寺でも開山忌というのがあり、年中では最も大事な開山様の命日の法要があるが、この寺の開山にはもう一つ、由布岳中腹に開創した性空上人がある。この法要は、由布岳の祭りの「たけまつり」の七月十八日に厳修している。

## 由布岳頂に十字架

### 左馬介の入信と乱暴

湯布院のキリシタン研究の先駆者としては、『由布山』（昭和三十三年、湯布院町刊）に「由布院のキリシタン」を発表した大分大学の半田康夫氏の研究がある。その後、地元郷土史家阿武《あんの》豊氏の『由布院のキリシタン史』（湯布院町教育委員会刊）などが刊行されている。

以下、それらに依りつつ由布のキリシタンをみてい

くと、戦国末期由布院盆地を直接支配した主な者は、四人の豪族であった。その内の一人に、奴留湯《ぬるゆ》氏がいる。同氏は大友氏の一族戸次氏の出で、『豊後国志』に依れば石松集落の上にあった「湯山城」を拠点としていた。その当主奴留湯左馬介は、多数の部下を共に天正七年洗礼を受け、「パンタリヤン」と教名をもらった。

彼は大在《おおざい》（大分市）にある自分の所領内に教会を建て、熱心に信仰した。そのあまり、『豊薩軍記』に依ると彼は直野内山《なおのうちやま》（旧庄内町）にあった浄水寺を天正八年に焼き討ちにしたりした。また宇奈岐日女神社の社伝に依れば、同年の騒乱で神社の宝物などが紛失したというが、これも左馬介やその一族の乱暴があったのかも知れない。

## 由布にレジデンシヤと教会堂が

宣教師の報告書に依ると、由布にレジデンシヤ（宣教師の駐在所）が建てられたのは天正九年一月で、宣教師一人と日本人修道士一人が派遣された。そして、まだ洗礼を受けていなかった他の三人の豪族も、その多くの一族と共に受洗した。

また、大友宗麟（教名、フランシスコ）もわざわざ由布院を訪問し、信者を励ました。宗麟が由布院を重視したのは、その位置が玖珠・日田への門戸にあたり、キリシタン布教の基点となると判断したためである。

その後も由布院の信者は増加し、天正十四年には教会堂が建てられるに至った。イエズス会の『一五八二年日本年報』に依ると、「由布には、尊師が承知せらるる通り、パードレ・ゴンザロ・ラベロが今もなお駐在し、キリシタンは増加して、ほぼ臼杵の教会堂に等しい聖堂が出来上がった。その木材は皆キリシタンの寄進したものである」（『大分県史料』十四巻）。

臼杵の教会堂は、宗麟が財力と情熱を傾注して同十年に完成したもので、由布院の教会堂もほぼ同規模のものであったという。

その所在地については、阿武豊氏は由布院駅近くの興禅院ではないかという。木材は、近くの宇奈岐日女神社の境内から、伐採されたのかも知れない。

峯先墓地のキリシタン墓

## 十字架建つ

更に宣教師の報告に依ると、由布院在住のキリシタン達は、日々仰ぎ見る由布岳の山頂に、信仰のシンボルとして十字架を建てた。フロイスの『日本史』に依ると、大在に住んでいたキリシタン信者の老人は、彼の息子一人と共に四十キロ離れた由布の各地に巡礼に出かけたが、「それは標高が二・三レグアもあると言われている非常に高い山頂に、我らの同僚の宣教師たちが建てた十字架を拝みたいという唯一の目的からであった」という。

由布岳は、村人にとっては信仰の山で、古来女人禁制の山でもあった。また宇奈岐日女神社の御神体は、山そのものとされてきた。

キリシタンたちは、日本古来の神道や仏教を否定することから始まる。当時は多くの神社、仏閣が破壊されている。ゆえに高く天にそびえる由布岳山頂に、山麓からでも見えるような巨大な十字架を建て、信仰を誇示したのではなかろうか。

しかし前述の教会堂も、完成後一年も経たない内に、天正十四年十二月には、島津軍の乱入により破壊されてしまった。更に翌年六月十九日には、豊臣秀吉に依る宣教師の国外退去命令で、キリシタンの衰退は決定的となった。

## 由布のキリシタン墓

現在湯布院各地で、キリシタン墓碑が多数確認されている。それらの墓は薄型・平型が多く、上面一杯に十字章が線彫り・平彫りされている。また上部に正方形の穴が掘られたものもあり、その上に木製の十字架が建てられたものと思われる。

これらの墓は一度地上から姿を消した物が、再び偶然の機会に陽の日を見たものばかりである。一カ所で墓碑が最も多く残っている並柳集落の「峯先墓地」（大分県指定史跡）の場合は、土葬のため穴を掘っていて発見されたり、他から移され安置されたものであ

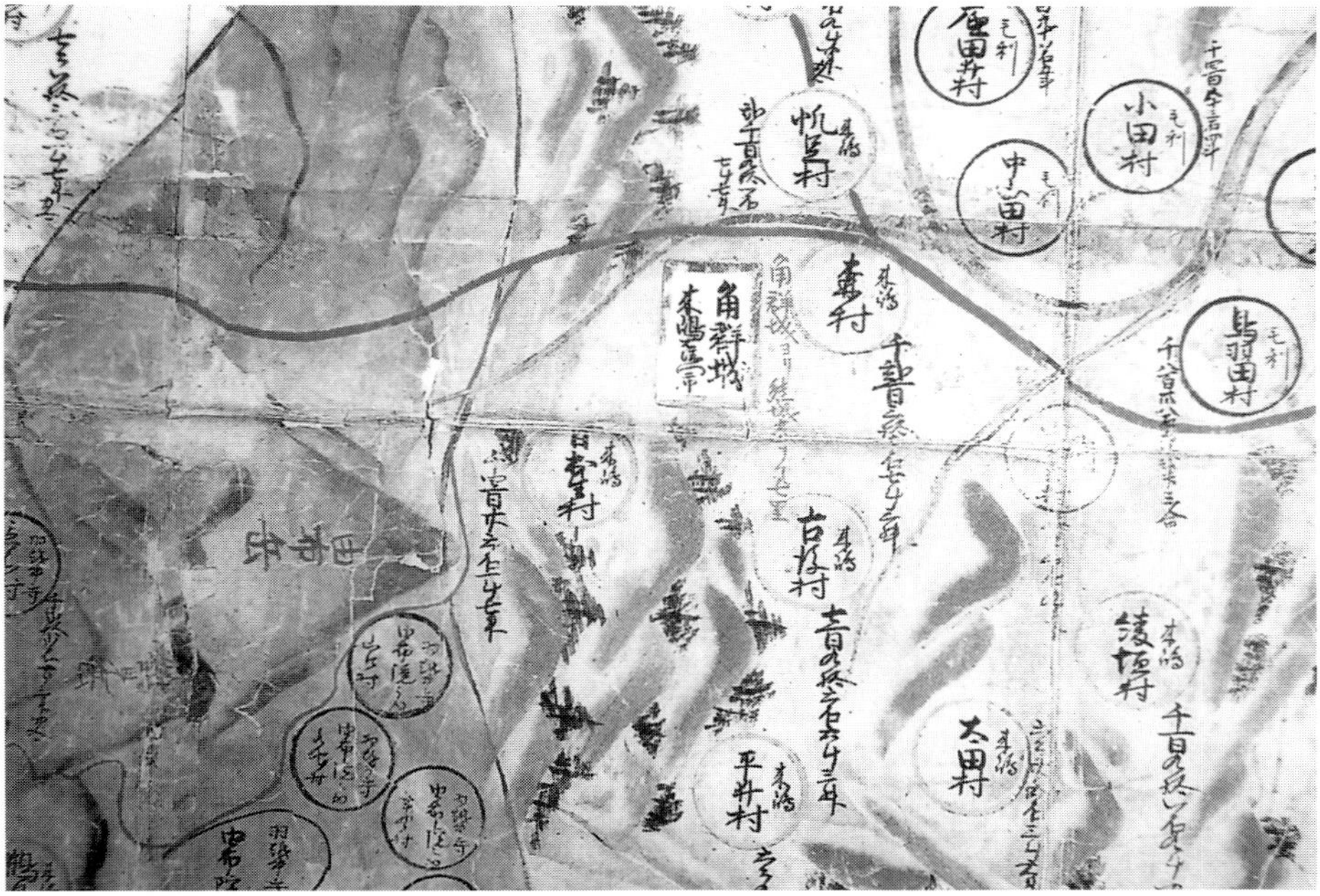

「豊後国慶長国絵図」部分（臼杵市教育委員会蔵）
左側に「由布岳、鶴見岳」が見える

る（四十九基が指定）。
この外十字章の刻まれている墓碑の総数は、町内で計九十二基となっている。

## 描かれた最古の由布岳

絵図の研究は近年進歩しているが、その成果の一つに川村博忠氏編『江戸幕府撰　慶長国絵図集成 - 付江戸初期日本総図』（柏書房、平成十二年）がある。筆者はこれらを活用して、玖珠の角群《つのむれ》（牟礼《むれ》）城、佐伯の塩屋城（佐伯城の当初の呼称）や、江戸初期の有力大名への幕府からの化粧料の問題等について論じたことがある（『大分県地方史』第一八八号所収「大名小川左馬助と、『豊後国慶長国絵図』」）。

それはさておき、江戸幕府が最初に各国単位で国絵図の提出を命じたのは、開幕早速の慶長年間である。次に「正保国絵図」「元禄国絵図」・「天保国絵図」であるが、最初の諸国慶長絵図の現存状況は数少ない。幸い豊後国の慶長絵図（一二八センチ×一三四センチ）が、臼杵市教育委員会が保存している。

同絵図は豊後国八郡の全体を描いた極彩色の絵図で、前書の川村氏の解説によると、「本図の成立は慶長十（一六〇五）年に限定されるというので、本図が慶長国絵図であることは間違いないであろう。（中略）本図は恐らく慶長国絵図を作成する過程におけるその下絵図であろう」（一二九頁）という。

この「豊後国慶長国絵図」の「山の表記」に注目すると、当時の著名な山を鳥瞰図風に描いており、山名は朱書きである。例えば、由布岳・鶴見岳（速見郡）・高崎山（大分）・うば岳・おく岳・あずさ山・屋ブミ年（大野）・九重岳・朽網《くさみ》岳・（玖珠）彦山（日田）がある。今日でもよく知られている山々であるが、一方国東郡の両子《ふたご》山の記入はない。

写真でもわかるように、由布岳の山頂は鶴見岳と同じく西の方角を向いており、由布院盆地はその北側に描かれており、羽（紫）越中守・由布院九千四百六拾壱石六斗六升五合弐勺と、由布院内小平村・同幸野村・同水地村・山口村などと、村名・石高・領主名が記されている。

なおこの羽紫越中守は、豊前小倉藩主・細川忠興のことで、当時由布院を領していた。

## 由布岳の正面は

由布岳、それは由布院盆地の東北にどっかと腰をすえ、町民が親しみをこめて日々仰ぎ見る秀峰（標高一五八三・五メートル）である。別府市と湯布院町の境に裾野を広げ、山頂は東西の二峰に分かれ、火口がくぼ地になっている。

ところで、読者の皆さんはこの由布岳に、正面があることをご存知であろうか。江戸時代、日田市が生んだ大儒学者・教育者・詩人で「咸宜園《かんぎえん》」で有名な人に、広瀬淡窓《ひろせたんそう》がいる。

淡窓は、天明二（一七八二）年四月十一日生まれで、名は健、字《あざな》は子基といい、淡窓と号した。江戸後期の儒学者で、国東の三浦梅園・日出の帆足万里《ほあしばんり》と共に、豊後の三賢の一人に数えられている。

家業は代々諸藩（岡藩・杵築藩・府内藩など）の御用を務める用達・商人で、屋号を「博多屋」という。この広瀬宗家三郎右衛門の長男として生まれたが、幼少より神童と呼ばれた。淡窓は元来病弱で、家業を弟の久兵衛に譲り、自身は学問で身を立てることにした。淡窓の私塾を「咸宜園」といい、これは咸宜《みなよろ》しき学園という意味。全国津々浦々から、相前後して門弟三千人が集まり、盛況であった。

　ところで淡窓の『日記』や『懐旧楼筆記』をみると、由布岳の正面について、次のように記されている。淡窓が直接自分の目でこの由布院をみたのは、天保十五（一八四四）年とその翌年の、二度にわたる府内（大分市）への旅の行きと帰りの道中であった。

　まず最初の府内行きは、天保十五年九月一日日田を出発し、淡窓の妹の嫁ぎ先「船来《ふなこ》」（玖珠郡九重町大字右田）で一泊した。翌日はそれより、日出生台・草原の切塞《きりふさぎ》（同郡玖珠町大字岩室）・今宿《いまじゅく》（同町大字日出生《ひじう》）を過ぎ、湯布院盆地の並柳《なみやなぎ》（湯布院町大字川上）で昼食をとった。それよりさらに正路（永山布政所路）をたどり、由布院盆地を抜けるあたりから正路を外れ、別府への間道を進んだ。

　由布岳・鶴見岳の麓を回り、片山・鳥居・堀田（以上別府市）を経て、かつて門弟だった西法寺（別府市）で一泊。淡窓一行は翌三日、船で府内城下へと着くのであるが、この府内行の二日目に、淡窓は天下に名高い由布岳を、初めて自分の目で見たのである。その時の記事を、次に紹介する。

　途中見ル所ノ山、平家山・福間嶽・由布嶽・鶴見嶽・背高山ナリ。由布ノ名、天下ニ聞コエタリ。形富士ニ似タルヲ以テ、豊芙蓉《ほうふよう》ト称ス。山形處ニ従ッテ変ス。並柳ヲ去ルコト二里、平原アリ。此處ヨリ望ムニ、上尖《せん》下濶《かつ》、傍ニ贅瘤《せいりゅう》ナシ。コレ正面ナリ。詩アリ、曰ハク

宿靄纔晴湯布分
北風空翠落粉粉
路過半腹無青草
天近層標有白雲
未了色従周海見
不孤名與富士聞
同邦毎恨佳縁少
傾蓋今朝始遇君

ゆうべのとばりが少しずつ晴れて、由布の姿がはっきりとして来た。北風は空しくみどりの葉を散らしているが、それも山の中程を過ぎると、青草すらも無くなり、天近くにそびえた峰に白雲が横たわっている。極まりつきない色は周防の海からも見え、周知のこの山名は富士山とともに聞えているのに、同じ国に住んでいながら縁のないのを、常に残念に思っていた。今朝は君に遇って、一見して親しみを覚えた。

（足利宗彦訳）

由布岳正面（手前は日向岳）。淡窓もこの雄姿を拝したことであろう（城島高原入口より望む）

淡窓の言葉通り、由布岳はその形容が天下の名峰富士山に似ているので、豊後富士ともいう。山の形は、人びとが見る所によってさまざまに変化する。盆地から眺める由布岳は二峰に分かれて、裾野もぶかっこう。山腹には飯盛山が突き出て、こぶとなっている。淡窓は、並柳から歩いて二里の平原（猪の瀬戸か）方面から由布岳をみて、「ここが正面だ」といっている。

つまり由布岳と平原とを結ぶ線を延長すると、豊後国の政治の中心地「国府」（大分市賀来）が置かれていた方角となる。『万葉集』には、この山をよんだ歌が二首採録されているが、かつての万葉人が歌に託して想いを馳せたのは、まさにこの方面からの、茜さす豊後富士であったに違いない。

# 由布岳をめぐる伝説

梅木秀徳

## はじめに

古くから人々に親しまれて来た由布岳のこと、山にまつわる伝説は多い。山そのものが神や巨人として、人を助けたり、自ら恋をしたり、あるいは山の中を物語の舞台に提供する。そのいくつかを紹介しよう。

## 干上がる湖

由布院盆地はかつて満々と水をたたえていた。今でも朝霧が覆う時に見下ろすと、その姿が彷彿とする。おそらく、由布岳をはじめ、飛岳《とびだけ》・福万《ふくま》山、カルト山、あるいは倉喜《くらき》山（倉木山）、高尾山などが湖面に姿を落とす見事な風景だったことだろう。

その光景を山の上から眺めた由布の神・宇奈岐日女《うなぎひめ》は、この一帯の支配者。ある日、湖水を干し上げたらどうなるだろうかと、ふと思いついた。湖底から肥沃な平野が現われ、多くの田畑が作られるのではないだろうか。山の斜面を耕したり、湖に魚を漁り、野に鳥獣を追って細々と暮らしている民たちのために、何とかして湖水を干そう――と。

さっそく配下の巨人を呼んで命じた。「お前の持つあらん限りの力をふるって、この湖を干してみろ。一隅を蹴破るのだ」と。怪力無双の巨人は女神の前にひざまずく。「承知いたしました。一生一代の大仕事。必ず大任を果たしましょう」。

彼は湖を一周して調べた。どうやら南西部の壁の一角が薄いようだ。渾身の力を込めて二度、三度と足蹴りすると、ついに湖壁は破れて湖水が流れ始めた。それは大分川となり、湖底から素晴らしい平野が現われた。

湖水の主は一頭の竜だったが、水をなくして神通力を失う。のたうちまわって由布岳の麓にわずかに残った水へたどりつき、女神に哀願する。ここで暮らして行くために、一つでも良いから池を残してはくれまいか、かなえられれば盆地の水を守って行きます――と。

女神は願いをききとどけ、安住の池として由布岳の下、その名も岳本《たけもと》に池を与えた。竜がのたうった跡が曲流する白滝《しらたき》川だという。

湖底だった平野は人々によって美田や畑地となり、女神は盆地に神社が置かれ、巨人は蹴裂権現《けさきごんげん》の名前で蹴破った前徳野の山上に祭られている。岳本の池は以前はかなり広かったらしいが、慶長豊後地震など数度の地異による山崩れなどで狭くなる。のち、大分市鶴崎出身の学者・毛利空桑《もうりくうそう》がこの地を訪れた際、池魚の鱗が夕陽に輝く様を見て金鱗湖《きんりんこ》と命名した。

湖が干上がった、あるいは神などが干し上げた伝説は日本各地に残る。大分県では日田盆地がそうだし、隣の熊本県では阿蘇カルデラに溜っていた水を神が蹴破って干したとされる。なお、宇奈岐日女は由布岳の神とされているが、概説で述べたように、由布のクニの卑弥呼のような存在であり、この伝説は、その開拓神としての一面を語るものであろう。

### 神の鶏鳴

由布岳の北に塚原《つかはら》の高原が広がっている。塚原の名前のように、ここには古墳、あるいは開墾の際に出た石などを寄せて積み上げた塚が多い。それが伝説を生んだ。

昔、そこは神の園だった。神と人が親しく暮らし、神に仕える鬼たちも共に住んでいた。しかし、いつしか鬼たちが里を荒らすようになる。仕事をなまけ、夜になると村を回って悪さをし、時には人を捕えて食った。

神たちは相談のうえ、鬼を追い払うため一計を案じ、鬼族に「一夜のうちに百の塚を築造すれば、この地にこれまで通り暮らすのを許そう。出来なければただちに去れ」と。鬼はこれを受け入れ、夜が来ると同時に塚を造り始めた。彼らの力は並はずれており、みるみるうちにたくさんの塚が築かれ、夜明けまでまだかなりの時間があるのに、すぐ百に達しそうになった。

目算が外れた神たちはあわてた。再び集まって相談したところ、知恵のある神がいて「まかせろ」と言う。その神はバッチョロ笠（丸い菅笠）を持って由布岳に駈け登る。鬼たちの塚は九十九まで出来あがっていたが、神は山頂で笠をばたばたとたたいて鶏の羽ばたくような音を立て、一声高く「コケコッコー」と叫んだ。里の鶏たちも、夜明けはまだなのに一番鶏に続けといっせいに鳴き始めた。

驚いた鬼たちは「しまった。間に合わなかった。われわれの負けだ」と、約束通りに里をあとにした。村は平和を取り戻し、今日に至っている——と。

これもまた大分県内や全国各地に多く伝わる、いわゆる「九十九伝説」の一つである。玖珠町の名草《なくさ》台地も千人塚と呼ばれるように塚が多く、まったく同様の伝説があり、大分市坂ノ市の丹生《にゅう》台地にも似た話が残る。ほかにも、塚が池や石段（中津市大貞《おおさだ》八幡の池、豊後高田市熊野磨崖仏の石段など）だったり、時には岩屋などに代わり、鬼が大蛇だったりもするが、夜明けを告げる鶏の声で目標に一歩届かないところは共通している。

### 山の恋

由布岳に並ぶ鶴見岳は美しい娘だった。その女山に二つの山が恋をした。筋骨隆々とした巨体の祖母山と、ハンサムな由布岳だった。ライバルとして、二つの男山は激しく争ったが、話し合いをしても、競争をしても、決着はつかない。結局は「女山に選んでもらおう」ということになった。好ましい二つの山を前に鶴見岳は迷いに迷ったが、最終的に選んだのは由布岳だった。

勝利者となった由布岳は、以来、今日に至るまで鶴見岳と仲良く並び立っている。そのお熱い仲は、麓の由布院や別府に温泉を出すほど。失恋した祖母山は、鶴見岳に別れを告げる際、泣きに泣いた。大粒の涙は頬を伝い、滝のように流れ落ちて一カ所に溜った。それが鶴見岳の裾の志高《しだか》湖である。涙の後、祖母山は男らしくあきらめはしたが、睦まじい二つの山のかたわらにいるのは悲しいと、豊後と日向の国境に去り、深い樹林に身を隠して二山を遠く眺めている。

### 背比べ

そのころ、由布岳に背比べを申し込んできた山があった。日向の国で「われこそ高山である」と威張っていた日向岳である。その言動のため近隣の山々から忌み嫌われ、いつか仕返しをしてやろうと思われていた。

そのような時、豊後の国で富士と呼ばれる由布岳の話が伝わって来た。近くの山々は、これ幸いと日向岳に背丈比べをけしかけた。それに乗せられてしまった日向岳ははるばる由布岳の傍までやってきた。しかし何と、由布岳は聞きしに勝る高さと大きさ。自分の背丈は由布岳の腰のあたりまでしか及ばない。「何の面目あって国に帰られようか」と、腰を抜かして座り込み、ついには由布岳の手下になった。これが麓にある日向岳で、別名を腰抜山《こしぬけやま》とも言う。

ちなみに、日向岳は由布岳の東南の裾にある標高一〇八五メートルの山。腰の高さと言えるところにあるが、日向は文字通りに日に向かっている場所、日当たりの良いところであり、まさに東南にある山の意で、日向の国とは関係なかろう。これも由布岳をお国自慢とする豊後人が生んだ話と言えそうである。

西行の歌

お国自慢と言えば、このような話も伝わっている。別府市の天間《あまま》高原は由布岳を眺めるに良いところ。ある日、西行法師が豊前の安心院《あじむ》(宇佐市)からここにやってきて、由布岳を間近に仰いで「豊国の由布の高嶺は富士に似て雲も霞もわかぬなりけり」と詠じた。ところが、由布岳は急に鳴動を起こし、火柱を上げ黒煙を噴き、真っ赤な石を四方に飛ばし始めた。「怒ったのか」と驚いた西行は「富士に似て……」が悪かったかと「駿河なる富士の高嶺は由布に似て……」と詠み直したところ、噴火は収まったという。豊後富士・由布岳は大分人にとって自慢の種なのである。

猪ノ瀬戸

由布岳と鶴見岳の間を猪ノ瀬戸《いせど》と呼んでいる。九州横断道路の猪ノ瀬戸バス停から塚原方面への道があり、その峠から由布岳への東登山道が上っている。今はいずれも車道となっているが、かつては寂しい道だったろう。ここに狐を悪者とした話がある。

鎌倉時代のこと、別府の阿弥陀寺を宿坊としていた山伏が由布院方面へ勧進に行ったまま、一カ月たっても二カ月たっても戻ってこない。心配した寺では、鶴見岳の修験者に頼んで道筋を探した。彼らが見つけたのは、猪ノ瀬戸の岩石累々とした原っぱで、大きな石

阿蘇山からの由布岳遠望。山並みの右端は鶴見岳（撮影・城本武千代）

に押しつぶされている山伏の姿だった。

修験者たちが祈禱をして死霊を呼び起こしてたずねたところ、死霊が話し始めた。ここを通りかかると一匹の狐がうたた寝をしている。狩人の道筋でもあり、獲物にされるのはかわいそうだと、ホラ貝を吹いて起こすと、目ざめた狐は一目散に山へと逃げ込んだ。功徳をしたと思っていたところ、すぐに山中から大小の石がごろごろと落ちてくる。見ると数十匹の狐が石を転がしている。避ける間もなく、石の下敷きになってしまった──と。

そうでなくても、狐が旅人たちに悪さをする話は聞いていた。しかし、人を殺めたからには許しておけないと、修験者たちは調伏《ちようふく》の護摩《ごま》を焚いた。翌朝、付近にはおびただしい数の狐の死体が転がっていた。以来、ここで狐にいたずらされる旅人はいなくなった。

大分地方に、働かずに寝て食っているばかりの人に「猪ノ瀬戸に行け」と言う言葉があった。「寝ちょって食わるる」、つまり寝ていて食べることが出来る、寝ている間に怪物に食われてしまうということ。狐だけでなく、猪ノ瀬戸のかつての旅の怖さを知っていたからではの言葉だろう。

## 頸峯

『豊後国風土記』に頸峯《くびのみね》の話が記されている。柚富岳（由布岳）の西南にあるとしているが、西南には青《お》梅《うめ》台や城ヶ岳山群など山は多く、どの山にあたるのかははっきりしない。風土記は山名の由来を次のように語る。

この峯の下に頸田《くびた》という水田があった。本当の名前は宅田《やけた》である。この田の苗を鹿が来て喰うので、田の主が柵を作って待っていたところ、鹿が現われて柵の間からくびを入れて苗を食った。捕えてまさにくびを斬ろうとすると、鹿が言う。「お約束しましょう。死罪を免じてもらえるなら、それを大恩として、子孫に苗を喰わせないようにします」と。

田の主は怪異を感じて斬らずに許した。以来、この田の苗は鹿に荒らされることがない。だから頸田といい、それが峯の名になった。

農家にとって、鹿は猪などとともに作物を荒らす害獣であり、現在でも柵などを設けて防いでいる。また、それらは狩猟の対象であり、その肉《シシ》はカノシシ、イノシシとして重宝されたものである。しかし同時に、人々は鹿に霊獣としての側面をも認めている。神の使者、あるいは乗り物として、鹿を信仰の上から保護した神社なども少なくない。鹿伝説の多くがその霊獣の一面を語っている。

## 「椿説弓張月」の為朝

鎮西《ちんぜい》八郎こと源《みなもとのためとも》　為朝は日本の伝承のなかにあって豪傑中の豪傑である。弓を執っては天下無双で、全国各地に多くの伝説を残している。大分県内でも伝説はあちこちにあり、滝沢馬琴《たきざわばきん》の『椿説弓張月《ちんせつゆみはりづき》』も大分県内を主な舞台として描かれている。そのなかに、由布岳山中での物語がある。

鳥羽上皇と崇徳の新院が不和となったころ、為朝は十三歳。弓の名手で俊敏強勇として知られていたが、少納言信西《しんぜい》と争い、乳母子の須藤重季《しげすえ》とともに九州に下り、尾張権　守季遠《おわりごんのかみすえとお》という縁者を頼って豊後にやって来た。落ち着いたところは由布岳の麓で、ここで兵書をひもとき、狩をして日々を過ごしていた。

ある日、山中で狼の子二匹が一片の肉を争っているのを見かけて仲裁に入り、人に対するかのように二匹を諭した。すると二匹は彼を慕ってついてくる。

その途中、今度は異様な風体の男に出会った。鹿の皮の頭布をかぶり、シュロの脚絆を巻いている。これが八町礫《はっちょうつぶて》の紀平治《きへいじ》だった。八町も向こうにいる獲物を石一つで仕留めるという投石の名人で、狩をするのに弓矢は必要のない山男。紀平治も為朝の噂を耳にしており、出会いを喜んで麓の家に招き、猿酒などでもてなし、為朝の家来となった。山から付いて来た狼の子二匹も、野風《のかぜ》、山雄《やまお》という名前をもらい、猟犬代わりに狩の供をすることになった。

三年たった。為朝十六歳。重季は「都にあれば官人の数にも入ろうものを……」と嘆く。為朝は「狩の暮らしに明け暮れていても、志は捨ててはいない」と語る。

こうしてある朝、いつものように狩に出ようとすると、重季がしきりに止める。「夢見が悪かった」というのだ。為朝は気にもかけずに出かけるので、重季もやむなく供をする。紀平治の家を訪れると、一足先に出たあと。急いであとを追うことにした。

由布岳の中腹にさしかかって、二人は楠の木陰で休息する。どうにも眠たいのである。腰を下ろしてうとうとしかけると、山雄が急に激しく吠え始めた。為朝に噛みつかんばかりのありさまだが、あたりには何の異常もなさそう。「さては狼の本性をあらわしたか」と、重季は一刀のもとに山雄の首をはねた。

すると、山雄の首は楠の樹上にすっ飛んで行く。たちまち、したたる血とともに、山雄に噛みつかれて梢のあたりから落ちてきたものがある。驚くほどに大きな蛇だった。山雄が吠えだしたのは、これを発見し、為朝主従を守ろうとしたのである。二人はそれをさとって嘆き悲しんだ。

その時、三月の初めだというのに天がかき曇り、ときならぬ雷鳴がとどろきわたった。年古《としふ》りた大蛇の体内には輝く珠があるという。これを知っていた竜が奪おうと下って来たのだ。重季は一瞬早く大蛇の身中から珠を取り出そうとしたが、雷鳴がひときわ大きくとどろいて火柱が立ち、重季はその場に打ち倒された。為朝が駆け寄ると、すでに重季の息は絶えていたが、手にはしっかりと珠が握られていた。

為朝はしばし呆然と立っていた。雨の中を紀平治がやってくる。二人は楠の根元に重季の遺体を葬り、山雄も丁重に埋めてやった。二つの大きな石を運び、それを墓標とした。

以上が『弓張月』の由布岳のくだりだが、作者の馬琴はどこでこの話を仕入れたのだろうか。創作としても、舞台の由布岳をどうして知っていたのだろうか。同書は文化四（一八〇七）年ごろから刊行され、前編、後編、続編、拾遺、残編の計二十八巻に及ぶ。挿絵は葛飾北斎。「鎮西八郎為朝外伝」とあり『保元物語』などを骨子としており、由布岳のくだりは全編の二、三回の大部分を占めている。

為朝伝説は大分県内では竹田市一帯をはじめ、別府市、大分市など、豊後の各地に伝わっており、馬琴がそれらをも参考にしたと考えられるが、注目されるのは国東六郷満山《くにさきろくごうまんざん》の「両子《ふたご》寺縁起」（国東市安岐町）を彼が書いていることであるという。同寺の第五十四世・豪円和尚が江戸に上って馬琴に依頼したとされており、和尚から彼に伝えられた可能性もある。

ともあれ、豊後に伝わる話、さらに豊後富士といわれる名山・由布岳のことなどが豪円によって語られ、馬琴がそれらを参考にロマンを構成していったかも知れないし、そのロマンがまた豊後に輸入され、伝説を潤色していったとも十分に考えられる。

また、『保元物語』の流布、あるいは語り部による話の運搬も考慮されるべきであろう。義経伝説のように、英雄は庶民に愛される。超人的な強者である為朝も同様。語り伝えられる武勇伝が人々の心に浸み込み、ふるさとの城跡や事物に結びつけられ、いつしかそれが事実として認識され、伝説が生まれてくるのは各地に見られるパターンである。大分県内の、また由布岳の為朝伝説も、あるいはそうしたことなのだろうか。

# 由布岳をめぐる文芸

中村　治

『万葉集』に由布岳を詠んだ歌が二首はいっている。

そのひとつは、

少女《をとめ》らが放《はな》りの髪を木綿《ゆふ》の山雲なたなびき家のあたり見む

で、口語訳すると、

少女たちが
お下げ髪を
ゆふ
の山
雲よ、たなびかないでくれ
家のあたりを見たいから

となるだろう。万葉仮名の原文は、

未通女等之　放髪乎　木綿山　雲莫蒙　家當将見

巻第七「雑歌」の「羈旅《たび》にして作れる歌九十首」の部類にある歌。旅立ちの歌とも帰郷のときの歌とも考えられるが、おそらく旅立ちの歌であろう。

「少女《をとめ》らが放りの髪を」までは「結ふ」を導く序詞で、「結ふ」を「木綿《ゆふ》」にかけている。「木綿の山」が由布岳である。

もう一首は、

思ひ出づる時はすべなみ豊国の木綿山雪の消ぬべく思ほゆ

思い出すときは
どうしようもなくて
由布山の雪のように
消えてしまいそうだ

思出　時者為便無　豊國之　木綿山雪之　可消所念

巻第十「冬の相聞」の「雪に寄せる十二首」の中の

一首。相聞《そうもん》は恋の歌である。「豊国」は豊前、豊後に分かれる以前の総称で、歌にはこの語が用いられる。
豊後は現在の大分県。

○

『豊後国風土記』に次のような記述がある。

柚富《ゆふ》の郷《さと》　郡の西にあり。
この郷の中に栲《たく》の樹多《さは》に生ひたり。常に栲《たく》の皮を取りて、木綿《ゆふ》に造れり。因りて柚富《ゆふ》の郷《さと》といふ。
柚富《ゆふ》の峯《みね》　柚富の郷の西に在り。
この峯の頂に石室《いはや》あり。その深さ一十餘丈、高さ八丈四尺、廣さ三丈餘、常に氷《ひ》の凝《こほ》れるあり。夏を經れども解けず。凡そ、柚富《ゆふ》の郷《さと》はこの峯に近し。因りて峯の名と為せり。

口語訳は、

柚富の郷。〔郡の役所の西にある〕
この郷の中に、栲の樹がたくさん生えている。いつも栲の皮を採って、木綿を造る。これによって柚富の郷という。
柚富の峰。〔柚富の郷の西にある〕
この峰の頂に石室がある。その深さ十丈余り、高さ八丈四尺、広さは三丈余りである。常に氷があって、夏を経ても溶けない。いったい柚富の郷は、この峰の近いところにある。これによって峰の名とした。

「栲《たく》」は楮《かじ》の木。紙を製し、纖維を以て布帛を織る材料とした木。「木綿《ゆふ》」は楮の皮・纖維をほぐして綿のようにしたもの。神の幣帛などとした。
「柚富の峯　柚富の郷の西に在り」の「西」は「東北」の誤記であろうといわれる。「柚富の郷」を現在の由布院盆地とすれば由布岳はその東北に位置するからである。
『豊後国風土記』は漢文で書かれているので、参考のためにその原文を記しておく。

柚富郷　在㆓郡西㆒
此郷之中　栲樹多生　常取㆓栲皮㆒　以造㆓木綿㆒因日㆓

柚富郷㆒

柚富峯（在㆓柚富郷西㆒）

此峯頂有㆓石室㆒　其深一十餘丈　高八丈四尺

廣三丈餘　常有㆓氷凝㆒　経レ夏不レ解　凡柚富郷近㆓

於此峯㆒　因以為㆓峯名㆒

○

由布岳をうたった漢詩を二編紹介しよう。

油布山　　廣瀬淡窓

宿靄纔晴油布分
北風空翠落粉粉
路過半腹無青草
点近層標有白雲
未了色従周海見
不孤名與富山聞
同邦毎恨佳縁少
傾蓋今朝始遇君

宿靄《しゅくあい》纔《わず》かに晴れて油布分《わか》る
北風空翠落ちて粉々
路は半腹を過ぎて青草無く
天は層標に近うして白雲有り
未了《びりょう》の色は周海より見え
不孤の名は富山とともに聞く
邦を同じうして毎に恨む佳縁の少なきを
蓋《がい》を傾けて今朝始めて君に遇ふ

口語訳は、

連日立ち込めていたもやが一瞬わずかに晴れ、油布山の稜線が見えてきた。麓付近では時折吹く北からの強風が、空に向かい立ちそびえている木立の緑葉を吹き散らしている。山頂の道は中腹を過ぎると、地を覆う草々も急に姿を消し、幾重にも重なった梢の向こうに、白雲漂う空が低く垂れ込めている。まだ所々に残る紅葉（の色）は、遥か遠くからも臨み見ることができる。この山は豊かな山「富山」の名と共に「不孤」の山と伝え聞いている。この山と同じ国（土地）で生まれ育ちながら、よき縁に恵まれずにいたその度に宿縁を恨んでいたが、今朝、長柄の傘をそっと傾けて、その雄姿にやっと出会うことができた。

もう一編。

由布嶽　　帆足萬里

鶴観《つるみ》の西畔是れ芙蓉《ふよう》
積石巉々《せきざんざん》霄外に重なる
昨夜殷雷行雨去り
残雪凝って最高峰に住《とど》まる

その山は、鶴見からの西の境に、まるで富士の姿を重ね、大小の石岩が大空に突き出んばかりに、高く険しく積み重なりあっている。昨夜激しく鳴り響き続けた雷も地を叩く雨も既に去ったが、まだ溶け残った雪のみが峰の頂きにその名残を留めている。

（帆足萬里の「由布嶽」の原文は全集をあたってみたが見つからなかった）

○

『万葉集』以外で由布岳を詠んだ和歌を三首記しておこう。ほかにも「ゆふ山」や「ゆふの山」という言葉をうたいこんだ和歌はたくさんあるが、「夕方の山」の意味と推定されるものが多いので、割愛する。豊国の由布山は、『万葉集』以後も多くの歌人たちに歌枕として親しまれた。その多くは宇佐使として、また太宰府の官人として九州に下り、目のあたりに見る由布山の美しい姿をうたったものである。

たれしかも雲井遥かに豊国のゆふ山出づる月を見るらむ　　藤原知家

（いったい誰が宮中から遠く離れた豊後の国の由布山に出る月を見ているというのだろうか）

『続古今和歌集』所載の歌。知家は新三十六歌仙の

由布岳遠望。直入町より（撮影・城本武千代）

一人。当時朝廷は甲子の歳に年号を改めることが多く、そのたびごとに宇佐使を派遣する例となっていた。知家は応徳甲子（一〇八四年）改元の宇佐使であった。

神代より多くの年の雪つもり白くも見ゆるゆふの嶽かも　　橘為仲

（神代のころから長い年月をかけて降りつもった雪が白く見える由布嶽であるよ）

為仲も応徳甲子の宇佐使であった。この改元は二月七日で、「宇佐の駅館にみやづかさきむのりまうできて雪の降れば豊後の国のたけの雪を見て」の詞書がある。

神がきに誰が手向とはしらねども卯の花さける木綿の山蔭　　飛鳥井教定

（神垣にだれがお供えしたかはわからないが卯の花が美しく咲いている木綿山の山陰だよ）

教定は文永甲子（一二六四年）改元の宇佐使。改元

は二月二十八日であったが、難波津で船の風待があったために、宇佐下向の折は卯の花の咲く頃となっていたのであろう。

そのほかに、近代短歌として、

もみぢ葉のいまだ残れる由布山のふもとのさとに一夜ねて見む　田山花袋

湯の屋根も橋も稲ほも銀柳の木立をへたつ由布の川上　与謝野寛

われは浴ぶ由布の御嶽の高原に銀柳の葉のちりそめし秋　与謝野晶子

などがある。

つぎに由布岳を詠んだ俳句を二、三挙げておこう。

大夕立来るらし由布のかき曇り　高浜虚子

由布が嶺の美しければ涼しさよ　同

ここに見る由布の雄嶽や蕨狩　高浜年尾

これがこの由布といふ山小六月　星野立子

そのほか由布岳をめぐる文芸作品としては、江戸時代の滝沢馬琴の読本『椿説弓張月』がある。

# 由布山の動物

菊屋奈良義

## 由布山と由布岳

由布山が登山者でにぎわうのはとても嬉しいことである。この山はおそらく登山愛好家たちにとっては捨てがたい趣のある山なのであろう。

私のようなロートルでさえ昭和二十一（一九四六）年の真冬に、友人と三人で雪中登山なるものをやらかした記憶がある。

今考えれば登山靴などがあることすら知らず、陸軍少年飛行兵学校から履いて帰った「軍靴」で雪の由布山に挑んだのだからまさしく「特攻精神」そのままの登山だったに違いない。

ただ、軍靴の底には二列に並んだ「特殊な鋲」が打ち込まれていて立派な滑り止めになっていたことが思い出される。

吹雪の中でチラリと見えたキツネの姿がしっかりと脳裏に刻みこまれて、生物学研究室に所属していた小生意気な学生だった私の「哺乳動物学」への想いを決定付けてくれた無謀登山を思いだしている。

写真機はブーゲンビル島で戦死した叔父の形見だった「ベビーパール」を抱えていた。当時はベスト版のフイルムがなくて、知り合いの写真屋さんから三五ミリのフイルムを流用できるようにしてもらっていたのだが、猛烈な吹雪の中では蛇腹式の繰り出し式で前玉回転式のベビーパールは全く使えなかった。

この狐が何かを咥えていたことだけはしっかり見えたのだが、獲物が何かは全く確認できなかった。

今、由布市の町おこしになっているイベントの「牛喰い絶叫大会」が行われている草原に隣接する雪原で出逢ったホンドキツネの尻尾の先端が真っ白だったことがすごく印象に残っていて、キツネ即「白尾」と言う観念が焼付いたのもこの無謀登山のおかげであった。

さて、由布山の哺乳動物について紹介する役目を引き受けたのだが、なまじっかな学術論文じみた紹介はしたくないし、なじんだ山の風土記みたいな紹介ができればと思って、由布山愛好者へ向けての郷土物語のようなつもりで話を進めて行こうと思うので、あらかじめご了承いただきたい。

さて、私ども豊後人間にとって、由布山は不思議なことに由布岳と言うよりは由布山と言う呼び方の方が馴染んでしまっていて、いろんな書籍などで「由布岳」と記載されたのを見るたびに、なんとなくよその山のような感じになってしまうのは何故だろう。

朝晩見るともなしに見続けている山として視覚に焼き付いているからかもしれない……などと考えたこともあったが、今では、この老人にとって、単なる故郷の山でしかないということが理解されているから、まさに理屈抜きの「由布山」なのである。

## キツネに出会う

当初、自衛隊の兵隊さんたちが頑張って造ってくれた「やまなみハイウェイ」も、ハイウェイと呼ばれた為に「高速道路」と勘違いされて、一時期暴走族のたまり場のようになったこともあったが、どうやら暴走族の走りが収まった頃から、入れ替わって登山者が増えてきたことが記憶に新しい。

ほとんどの人々がピッケルを持っていたことに驚いた記憶があるが、登山靴、登山帽、リュックサックという姿が定型的な印象があったが、誰一人、登山道の道脇でキツネやシカがじっと登山者を見つめていたことに気づかず、もっぱら頂上を目指していたことが、私には不思議な風景であった。

多くの登山者は今「九州横断道路」と呼ばれるようになった「やまなみハイウェイ」の正面登山口から入山するようであったが、ススキ草原を縫う緩やかな山道では、草むらにじっと座り込んでいるノウサギに気づかず、賑やかに喋りながら只管《ひたすら》山道を見つめる登山者ばかりのような感じであった。

この付近では春先の野焼の後、真っ黒になった一面の斜面に、ところどころごつごつした火山岩とまばらに残っているカシワの樹が目立つのだが、時として火山岩の下縁付近に、赤土が掻き出されてほぼ三角形に赤土の裸地が広がっていることがある。まぁ、三角形で言えば高さ四～五メートル、底辺が二～三メートル程度の裸地だが、その頂点部分をよく見ると、直径三〇センチ位の小さな穴ぼこが見えることがある。

キツネの子育て用の穴だと考えてよい。野焼の後は見通しもよく、時としてキツネが走る姿を目撃することもあるが、緩やかなサインカーブのような波状のうねりを見せる走り方が特徴で、さらに尻尾の先が真っ白なシェパードと思えばキツネの姿が想像できるだろう。

速足程度の走りではこのうねりはあまり見られないが、尻尾の先っちょが真っ白な部分はしっかり見えるから、犬と間違うことはなかろう。

私の記憶では平成二（一九九〇）年ごろ、この登山道の左脇にある火山岩の下で五月の連休過ぎに、子犬が二〜三匹日向ぼっこをしながら遊んでいるのを見かけたことがあったが、全部尻尾の先が真っ白であった。登山者も何人かが気付いたようだったが、「子犬！」「可愛い！」と言う声だけが耳についていた。

この斜面は、牛喰い絶叫大会のフィールドに東接する斜面で、夕暮れからまぁ一般的に言って午後十時ころまではキツネの行動が観察されるフィールドと紹介しておいても差し支えないだろう。

冬の雪原が広がる時期には、足跡トレッキングを試みるとよい。キツネがノウサギをどのように追跡し、どのように接近し、どのように捕獲したかという痕跡をしっかり見ることができる楽しみがある。

捕獲したノウサギを咥えてはほうり上げ、落ちてくるノウサギを前足でしっかり抑え込み、再びほうり上げた痕跡まで目にすることができるのは雪原での冬の楽しみの一つになる。

同じ斜面で五月の連休頃のことだが、子供を連れて行って、シカの糞、ウサギの糞などを探してみる楽しみがある。シカの糞は小指の先端くらいで両端がぶっつりと丸みを帯びた枕型なのだが、ノウサギの糞はやや厚みのある円盤状の糞である。両方とも一ポイントに二〇〜三〇粒ほどが固まって排出されているから見つけやすい「生活痕跡」である。

「ハミングロード」でシカの鳴き声を楽しむ

シカは秋の夕日が沈むころ、猪の瀬戸から塚原に越える通称「ハミングロード」とか言う峠道の西側にひろがる斜面で、交尾期の雄シカの鳴き声が楽しめる。

一般に由布山のシカは夕方頃にはススキ草原でも

「立ちん坊」をしていることが多いが、由布山の登山者との関わりでは、落葉樹林やアカマツ林内でブッシュに隠れて登山者を見送っている個体が多いことをあえて紹介しておきたい。

野生動物との出会いを楽しむ

登山を楽しむ人にとっては山に入るだけで心が躍るような楽しみがあるのだろうが、せっかくだから、その山の野生動物との思いがけない出会いを楽しむことにも配慮してもらうと、自然の生命体との一体感を楽しむことができて、自然理解のもうひとつの面にも興味が向くのではなかろうか?

「日本百名山」以来、急増した登山者たちが、自然や山岳への畏敬の念が薄く、「登ったことがある」という履歴の積み重ねだけを誇るような風潮が私には、やや、不可解な登山者の群れに見えて仕方がないのだが、老人の繰り言なのかなぁ。

話がそれてしまったが由布山に根付いたつもりの老人の愚痴と思って聞き流してくだされ。

ところで話を由布山の哺乳動物の話に戻そうと思うが、一般に東登山道と呼ばれている山道では、秋から冬にかけていわゆる「野鼠」を楽しむことができる森林が広がっている。

この森林域は、春先のクロモジの芽吹き、初夏のアセビ群落、晩秋の落葉樹林の美しさとともに、由布山の森林生態系のおおよそを知り、イノシシやシカの子育ての場としての「生命伝承の貴重な環境」としての由布山の楽しみをも知ることができる地帯として、私は個人的なのだが大切にしたい地域と考えている。

勿論由布山では、森林地帯のどこでもノネズミを楽しめるのだが、これまでの調査ではこの東登山道付近が最も楽しめることが判っている。

一九九〇年代に宮崎大学医学部に在職された土屋先生とともに、ある年の冬、シャーマントラップで鼠の捕捉を試みたことがあった

ヒメネズミ・アカネズミのほかにスミスネズミが一個体捕捉されて土屋先生が喜ばれたことを記憶しているが、この斜面の南東に広がる猪の瀬戸では五～六月ごろカヤネズミの巣が見つかることもある。

同じ斜面なのだが、登山道わきの林床でヒミズモグ

ブッシュで昼寝している親子猪（へべ山）

ラやモグラが雨上がりの林床に出ているのを目撃したこともある。ヒミズモグラの前足は鼠の前足のように細い指がそろっていることと、モグラの前足は我々の両手を広げたようにしっかりとパワーシャベルの役目を果たせる大きな前足になっていることを紹介しておきたい。

さて、こういう風に由布山の、ある地域と哺乳類とを結び付けて紹介しているが、これはあくまでも、登山途中に観察しやすい場所を選んで紹介しているのであって、他の地域には哺乳類がいないと言っているのではないことを理解しておいていただきたい。

この東登山道からやや北に向かって山道を辿ると、通称「へべ山」と呼ばれる瘤にたどり着く。

「へべ山」は、これまでの経験でシカやイノシシの子育ての場として利用されていることが判っているが、七～八月頃に行ってみると出産のための「カリモ」が残っていて、中に潜れるほどの「カリモ」の規模を体験できることがある。

この「へべ山」は由布山の頂上から北東方向に見下ろすことができる瘤なのだが、うまくいくと頂上から「へべ山」で遊んでいるシカの親子などを目撃できることもぜひ紹介しておきたい。

不思議なことにイタチは由布山の全域でも個体数が少ない哺乳類と考えてよかろう。あまりみかけない。

アカマツ林から落葉樹林にかけてはテンが時々樹上から我々を見下ろしていることがある。登山道の路面だけを見つめて登山していると、これは全く気付かないままに「由布山に登った！」と言うだけの登山経験になってしまう。ちょっと周囲にも気配りをしながら登ってもらうと、山の楽しみが倍増することをあえて紹介しておきたい。

タヌキは森林地帯でアナグマなどと一緒に暮らしていることが多い。由布山ではあまり見かけない動物になっているが、実は、夕暮れから夜中にかけて落葉樹林ではよく見かける動物である。特に中秋の名月の頃はドングリの多い林床を漁って歩く個体が月明かりに見え隠れして、「やっぱりいたのか！」と言いたくなるほどの感銘が在る動物でもある。

ムササビもいたことがあると湯布院町の猟師に聞いたことがあるのだが、由布山では、この四十年間、私はまだ出逢ったことがない。やまなみ道路の南側にある駐車場に続く「生活環境保全林」では、一度だけ秋のサラシナショウマやトリカブトがひっそり咲いている頃にイヌシデの樹木の大枝に止まっている個体を見かけたことがあるが、雌雄の判別はできなかった。

由布山の野生のイノシシと

猪の瀬戸と言われるほどだから、昔はよほどイノシシが多かったのだろうが、確かにイノシシは今でも「へべ山」から「猪の瀬戸」にかけて生息しているだけでなく、由布山麓全面に広域分布が見られる。

有害鳥獣駆除班の活動域を見れば、ほぼ、イノシシの生息分布が窺われると考えて差し支えなかろう。

農産物や林産物への食害が多いし、とても危険な動物だということで、有害動物の筆頭とも目されている哺乳類だが、私の体験では、じっくりと付き合ってみると、「ブタ」の仲間だということがよく理解されるだけでなく、これほどおとなしい動物なのか？　と驚くことばかりである。

国内のイノシシには天敵がいないと言われているが、これほど人間を恐れる動物はいないようである。私には慣れている個体でさえ、私が友人を連れていくとなかなか近づいて来なくなり、ちょっとの刺激でどたばたと走り去ってしまうのを見ると、イノシシの天敵は人間だと容易に理解できる体験をしている。

私は三十年ほど前から、大分市の西端にある柞原八幡宮の森で、野生のイノシシたちと、まぁ、謂わば泣かずに遊ぶ付き合いをしてきた老人である。毎晩森に通って柞原の森にやってくるイノシシたちとは、鼻面を撫んで声をかけられるような付き合いをしてきただけに、イノシシが実はとてもおとなしい野生の哺乳類

であることを体中で受け止めている。特定の人間と顔を合わせるうちに、慣れてしまえば

8月中旬にはウリンコ模様も消え始める生後5カ月になったウリンコたち（東登山道）

互いに害意のない動物同士であることを認識できる動物であり、仲間同士としての付き合いさえできる動物であることもしっかり体験している。

由布山の野生のイノシシたちにしても、そういう体験から、まぁ、あまり警戒されずに付き合ってきたから言えることなのだが、要するに、農産物や林産物を「食害」するのは、食料が足りないからだという理由もわかっている。

動物類の研究者たちや自然保護関係者が「餌付け」を嫌っていることは知っているが、これほど人間社会と接近した里山で暮らし、人との接触が多い野生動物が、農産物や林産物を食害するのは彼らの野生生活を脅かしてきた人間の「環境侵害」が原因であることがはっきりしているのに、環境侵害による食糧不足を人為的な補給で補う手法をなぜ検討してみないのか、私には理解できかねるところがある。

試みに私の私有地に生息する猪たち（平成二十三年十月現在、成獣♀三・幼獣十一個体）に食パンの耳で餌付けした結果、周辺の農地には食害が見られなくなったという体験もある。

十分な量を与えているわけではなく、必ず争って採餌する量を与えることにこだわっているのだが、それでも、餌場にやってくる時間が早まったり、順序が異なったりして、イノシシたちの採餌の工夫が見られるので、可愛がりだけからする餌付けとは異なって、給餌によって野生を失うことがないということが、実験的に理解されている。

したがって、イノシシが町に出てきて危険な状況になっているというようなイノシシ騒動が、全く誤解からするイノシシ対策であることも私には理解できている。騒ぐ必要がないのである。「ああ、イノシシが町に出て来たのか……」程度で無視しておけば、彼らは必ずや早い機会に山に戻る動物である。

棒きれで追い回したり、お巡りさんが拳銃片手に追い回したりする必要は全くないのである。

妙に刺激するからイノシシたちも警戒心を横溢させて警戒しながら動くのである。警戒心もあらわに攻撃的になった人間が近づけば、イノシシたちは頭部を低く下げて擬似的な攻撃態度を見せつけるから、一般的に怖がられるようである。

しかしながら、イノシシのこの行動は普通ならば決して「攻撃行動ではない」。イノシシがこの緊張の場から逃避するために、相手が疑似攻撃行動にひるんだすきに自分が逃走する機会を確保するための、逃走準備行動なのであることが私には体験的に理解されている。

由布山のイノシシたちは、大分自動車道の日出ジャンクション付近から八坂川中流域に走り、大分県北部地域や国東地域に拡散する習性がある。

大分県北部のイノシシ個体群は由布山を重要な生命伝承根拠地として利用しているものとみられる。拡散通路はしっかり確認できるし、給餌によって食害が減ることも確認されていることから、イノシシ個体群の繁殖地やホームレンジとみられるポイントを選んで、定常的な給餌を施行することで、農産物や林産物への食害を防止する可能性は高いものがあると、敢えて申し上げておきたい。

従来イノシシ対策としてイノシシの行動習性を深く理解することなく、単に「有害性」だけに注目して有害鳥獣駆除の重要な対象としてきた我々が認識不足であったのであろうと思っている。

行政の立場から考えてみると、イノシシたちの食害によって損害を受けた農家や林業家の、「食害損失額」は、農林統計上で計数値が集計され、農林統計に計上され、白書などに掲載されるだけでしかなかった。

農家や林業家の損失額が、野生動物を管理する国や

毛繕いをしていると思われた個体（塚原側山麓）

地方行政府によって補償される歴史は全くなかったことを、私は極めて不思議な農林行政であると考え始めている。

イノシシやシカを含む日本の野生動物は、法律に基づいて特定の種は狩猟の対象にもなるが、基本的には国が定めた期間しか狩猟ができないのであり、その他の期間は国によって保護される動物群なのであることを考えてみると、野生動物による農林産物への食害は野生動物を管理する国からの「補償金」が交付される制度があってもおかしくないのではなかろうか？

由布山の地域生態系を保全するには、それなりの人間社会からの保全のための「積極的な生態系保全支援システム」が必要な時期に来ていることに気づいてほしいと願いつつ、この項を閉じさせてもらおうと思う。

由布山への愛着を込めて、由布山登山者に少しだけお願いしたいのは、登山道周辺の草や幼樹を掘り上げて持ち帰ることだけは、何とか慎んでもらいたいことだし、互いに見かけたら気軽に声を掛け合って、昔流儀だが「野荒し」を防いでほしいと切に念願している。

鶴見岳より望む由布岳（撮影・城本武千代）

# 由布岳の森林

生野喜和人

## 由布岳の姿

由布岳（一五八三・五メートル）は、東に接する鶴見岳（一三七四・五メートル）とともに由布・鶴見火山群の主峰で山陰火山系に属し、その火山活動はいまから七万年前に噴火した火山活動であったとされている。地形・地質的には、どちらも同じ角閃石安山岩であるが、鶴見岳は溶岩円頂丘の活火山で、鞍《くら》ヶ戸《ど》、内山など五個の溶岩円頂丘から成る山体に対して、由布岳は成層火山で、ほぼ円錐形の山体でその周囲には、飯盛《いもり》ヶ城、日向《ひゅうが》岳、池代《いけしろ》など八個の溶岩円頂丘の側火《そくか》山《ざん》に囲まれ、眺める方向によっては円錐形に見えたり、山頂部が大きく二つに裂けて突き立つ雄姿を見せたり、さまざまな山容を誇り、古くから「豊後富士」と呼ば

由布岳と飯盛ヶ城

由布岳西側から望む由布岳（右）と側火山の池代（左）の森

由布鶴見岳火山群

れ親しまれている。永い間の火山活動による熱変成や風雨等によって、もろくなって崩壊した岩石は山頂部に多く見られ、山腹や山麓一帯の表層部は、黒ボク火山灰におおわれているが、表土の露出した部分は豪雨による火山灰の泥流が流れ、両山岳とも多くの谷が形成されている。特に由布岳北側の「大崩れ」は現在も進行中で、山麓一帯を含めて防災工事が続けられている。

## 由布岳の森林

### 由布岳の森の外観

由布岳は、草原化した山麓の一部を除いて山頂部の低木林から山麓部の植林地を含み、全域が高木や低木の森林でおおわれている。

山頂部は、九州の火山山頂帯低木林の代表とされるミヤマキリシマ群落が発達し、山頂近くの崩壊した岩石の散在する岩角地一帯は、森林《もり》つくりの初期的段階とされるやぶ状のツクシヤブウツギ群落がとり囲んでいる。

山腹や山麓の斜面一帯は、若い森林を代表するクマシデ、イヌシデやコナラで代表されるシデ林やコナラの林でおおわれ、谷沿いにはミズキ林も発達している。これらの森林の一部は、かつて地域の産業を支えてきた畜産業の基盤となる牧野として利用するための野焼きが慣習的に続けられ、森林化がおさえられ草原の状態が維持されている。

山麓や低地の神社林や屋敷林には、かつてこの地域一帯に発達していた常緑広葉樹林を代表するシイ・カシ・タブノキ林が大切に残され、その周辺は人手が加わりながら再生しているシイ・カシ萌芽林も見られる。また、山腹の谷部や山麓の斜面一帯には、植栽されたクヌギ林やスギ・ヒノキ林をはじめ、雑木林や植林地に侵入し広がりつつある竹林も点在している。

## 由布岳に発達する代表的な森林

### 由布岳山頂部の初夏を彩るミヤマキリシマ群落

五月の下旬から六月上・中旬にかけて九州の火山山頂部は、ミヤマキリシマのピンク色の花が咲きにぎやかになる。大分県で最も広い彩りを見せるのは平治岳《ひいじだけ》や大船山《たいせんざん》、久住山、三俣山《みまたやま》などの山塊が群れるくじゅう山群や卓状台地の万年山《はねやま》であるが、由布岳も鶴見岳ともに季節のにぎわいに彩りを添えるのは例外ではない。由布岳をはじめ隣接する鶴見岳と尾根を連ねる鞍ヶ戸や伽藍岳《がらんだけ》の山頂部一帯にミヤマキリシマ、マイヅルソウ、ショウジョウスゲなどを伴う火山山頂帯低木林をつくっている。この群落は標高は低いが、風衝地のために亜高山帯がおし下げられた高山ハイデ状の景観を見せる九州火山山頂帯の特徴的な群落とされている。由布・鶴見火山群はくじゅう山群より標高が低いため、山頂帯の下位にあたる山地帯の森林要素を含んだヤシャブシやイヨフウロ、カリヤスモドキなどを交えた群落で、高山ハイデ状の景観は、由布岳山頂部や鞍ヶ戸などの風衝地でわずかに見ることができる。

ミヤマキリシマ群落

### やぶの代表ツクシヤブウツギ群落

由布岳や鶴見岳の標高一二〇〇から一四〇〇メートルまでの山腹上部や山頂近くには、ツクシヤブウツギをはじめヒロハヤマヨモギ、ヤマカモジグサ、ナガバシュロソウなどを伴うツクシヤブウツギ群落が発達している。この一帯はやぶを代表する群落で、年代的に最も若い森林であり、高木層を欠き樹高が三・四メートルの低木層がほとんどである。群落の主な植物はツクシヤブウツギやコウツギが占め、草本層はヒロハヤマヨモギが多い。本来はブナ林が成立する位置であるので、まれにコハウチワカエデ、リョウブなども混じっているが、風衝地や未発達林ではツクシヤブウツギが最も多い。この群落は、上限の風衝の強い貧栄養地ではミヤマキリシマ群落、人為攪乱の影響を受けた場所ではススキ草地、下限ではクマシデ、イヌシデ林に接するところもある。

ツクシヤブウツギ群落

### わずかに覗かれるブナ林

由布岳の南東斜面に側火山の日向岳があるが、東登山口から向い谷沿いにブナの林がある。林冠はブナの巨樹が立ち、亜高木層にコハウチワカエデやミズキ、低木層にタンナサワフタギ、コバノガマズミなどがある。

ブナ

タンナサワフタギ

コハウチワカエデ

ガマズミ

ブナ林は、日本の山地帯を代表する落葉広葉樹林で、一般には林床にササを伴っており、山地帯の極盛林である。

大分県では祖母山、傾《かたむき》山や釈迦岳、御前《ごぜん》岳などの標高一〇〇〇メートル以上の山地に発達しているが、くじゅう山群では黒岳を除くとブナ林は極めて少ない。由布岳一帯は、日向岳コースの観察道沿いのこの部分にしか見られないが、小面積で林床のササも欠いているが、胸高直径三五から八〇センチメートルの巨樹は注目に値する。

## 山腹斜面の代表シデ林

九州中部の火山地帯特にくじゅう山群や由布・鶴見火山群の山腹には、山地帯の代表種とされるブナを欠くか、またはブナの分布が極めて低く、クマシデやイヌシデが優占種とされるシデ林が発達している。特に由布岳ではブナ林は側火山の日向岳中腹に見られるだけである。シデ林は、由布・鶴見火山群で最も広範囲に発達した森林で、標高七二〇メートルから一二〇〇メートルの谷斜面によく見られる。森林を構成する高木層はクマシデやイヌシデが優占種で、亜高木層にシラキ、コハウチワカエデ、アオハダ、低木層にタンナ

クマシデ

イヌシデ

シラキ

コガクウツギ

湯山自然環境保全地域

コナラ林と由布岳

サワフタギ、コバノガマズミ、コガクウツギなどを含み、安定状態の森林とみることができる。

### 落葉樹と常緑樹の組み合わせで分けられるコナラ林

由布・鶴見火山群のコナラ林は、落葉性樹林の共通種を伴うコナラ林と、常緑性樹林の共通種を伴うコナラ林に分けてみることができる。前者の代表は、由布岳の南東に連なる側火山の日向岳山腹に見られる森林で、高木層の優占種のクマシデ、イヌシデがコナラにかわり、亜高木層はエゴノキ、

ヤマボウシ

リョウブ

コナラ

アオキ

ヤマザクラ

リョウブ、ヤマボウシなどさまざまであるが、低木層はコガクウツギ、コバノガマズミなど落葉性樹林の共通種を伴っている。一方、由布院盆地の北東に位置する山際の岳本集落の背後にあたる由布岳南西山麓の斜面や盆地の東側の東石松集落の裏山にあたる湯山《ゆやま》（六五〇から七五〇メートル）の山腹北西斜面には、立陵帯の常緑広葉樹林域にありながら、高木層はコナラが優占種で、イヌシデ、ヤマザクラなどの落葉樹が占めており、亜高木層や低木層はユズリハ、シロダモ、アオキなどがあり、常緑広葉樹林の名残をとどめている。

九州の山地帯下部にあたる低山帯に発達する落葉型に属し、丘陵帯の常緑広葉樹林との中間的な森林として、それぞれ「岳本のコナラ原生林」（県指定天然記念物）、「湯山自然環境保全地域」（県指定自然環境保全地域）として保全されている。

## 谷間に発達するミズキ林

由布岳の南に位置する水口山（八九六・三メートル）と接する県道南側の谷沿いには、高木層にアオダモ、低木層にウリノキなどを伴うミズキ林が見られる。亜高木層はイタヤカエデ、シラキ、アワブキ、低木層はウリノキ、ミヤマハハソ、ハナイカダ、草本層には

谷間に発達するミズキ林

ミズキ

イタヤカエデ

ハナイカダ

由布岳と麓の草原

野焼き前の輪地焼き

ジュウモンジシダ、ヤマアジサイ、タツノヒゲなどがありいずれも落葉広葉樹林に共通の種である。

### 野焼きによって維持されている草原

由布・鶴見火山群の火山性高原の景観は草原で代表される。両火山の山頂帯低木林や山地帯の自然林で占められている森林とは対照的な景観を見せている。山頂帯や山腹の一部が草原状態となっているところには、ヒロハヤマヨモギ、キスミレ、エヒメアヤメなど中国東北部や朝鮮半島との陸続きを証明する植物とされ

エヒメアヤメ

オガルカヤ

ヒゴタイ

る種を交えたススキ草地があり、自然草原とされている。一方、山麓部特に由布岳南麓の草原は、トダシバ、オガルカヤ、チガヤなどの草本にアキグミなどの低木が侵入し、裾野草原を刻む谷部の転石のすき間や空谷ではヒキオコシ、クララのほかノブドウ、クサフジなどのつる植物が増えている。この草原は、これまで地域の畜産業維持のため慣習的に実施されている火入れ、放牧、採草の一環で維持されてきた草地がほとんどである。近年、

産業構造の改変や人手不足も重なり、野焼きの実施が困難になり、人手によって維持されていた草原状態が森林へ移行する傾向も懸念されていた。こうした問題打開のために地域関係者による野焼きが復活、継続され、森林化を防ぐ対策が実施されている。野焼きの継続により人工草地を除く二次的草原にもキスミレ、エヒメアヤメ、ヒゴタイなどの貴重種の保全がなされている。

**植林地から逸出したアカマツ林**

由布岳山麓の合野越《ごうやごし》から登山道に沿った中腹にかけて、表土の浅い森林部分には、かつて植栽されたアカマツ林が周囲に逸出し、シデ林やコナラ林と混じった状態で見られる。マツ枯れ状態のアカマツのほかにコハウチワカエデ、ウリハダカエデ、タンナサワフタギ、コウツギ、ノガリヤスも生育し、シデ林やコナラ林の共通種と一緒に茂っている。

ウリハダカエデ

**神社の境内や屋敷林として残されているシイ・カシ・タブノキ林**

由布岳周辺の丘陵地や低地には、かつて地域に発達していた常緑広葉樹林の典型林とされるシイ・カシ・タブノキ林が点々と残されている。由布岳を源流とし、西から東に流れて別府湾に注ぐ大分川の上流にあたる湯布院町下湯平地区の厳島神社境内林のコジイ林、由布岳北側の盆地塚原地区の霧島神社の境内林と民家の屋敷林に残されているアカガシ林がある。また、由布院盆地を流れる宮川の源流若宮神社や川上地区の宇《う》奈《な》岐《ぎ》日《ひ》女《め》神社（六所宮）の境内には、植栽されたスギの巨樹の林内には、低木層にアオキ、ヒサカキ、亜高木

厳島神社のコジイ林

霧島神社のアカガシ林

層にヤブツバキ、シロダモなどを伴うタブノキやウラジロガシの林があり、かつての常緑広葉樹林の面影をしのぶことができる。

これらの森林は、神社の境内林として保存されているが、高木層のコジイやアカガシ、ウラジロガシ、タブノキを除くと亜高木層にヤブツバキ、カゴノキ、ヤブニッケイ、低木層にアオキ、ネズミモチ、草本層にナガバジャノヒゲ、コヤブランなどを共通にもつ森林である。人里近くにあるこれらの森林は、昔から地域の生活を支える森林として、薪炭用や土地利用の改変などによる伐採が繰り返され、萌芽更新によりアラカシを優占種とするシイ、カシ萌芽林の二次林として、山際や川岸、民家の裏山などに多く広がっている。

宇奈岐日女神社のタブノキ林

タブノキ

コジイ

アラカシ

### 地域の産業を支えてきたクヌギ植林地

由布岳の山麓や周辺部の丘陵地の山肌、低地の人里近くにはクヌギが植栽されている。

クヌギはかつてのように薪炭林用としての造林は行われていないが、シイタケ栽培用の原木として地域の産業を支える林として管理されている。

日向岳の山麓をはじめ、猪の瀬戸から塚原方面へ向う由布岳、鶴見岳の両山麓や、塚原地域の丘陵地など

クヌギ

クヌギ林

に植えられている。また、由布岳の西側に位置する福万山（一二三五・九メートル）の裾野の湯無田《ゆむた》高原一帯にも広がっている。この林は、高木層にクヌギ、低木層にコナラ、カシワ、ガマズミのほかにヒサカキ、ネザサ、草本層にススキ、コヤブランなどがある。

**経済林として植えられたスギ・ヒノキ植林地**

由布岳の山麓から中腹の谷部には、スギ・ヒノキが計画的に植えられ管理されている。

主にスギ林が多く、周辺部の丘峰陵地の谷沿い

ヒノキ林

スギ林

や人里近くにも広く見られる。

林内は植栽されたスギ・ヒノキがもちろん優占種であるが、亜高木層は林冠がふさがって構成種を欠く場合が多い。低木層にコガクウツギ、ニワトコ、コバノガマズミなどがあるが、高地にはイロハモミジ、ウリハダカエデなどの落葉樹が見られるところもある。

かつては経済林として林業を支えてきた森林であるが、間伐などの手入れが行き届かず、低木層がやぶ状になった林や周辺からのマダケ、モウソウチクなどが侵入し、ス

イロハモミジ

ギ植林地の様相を変えつつある林も見られる。

### 雑木林や植林地に侵入し広がる竹林

モウソウチクやマダケ林は、元来民家近くに植えられた竹林であるが、由布岳や周辺の丘陵地の山麓や低地の人里近くにまで逸出し、雑木林やスギ、ヒノキの植林地にまで侵入し分布を拡げている。この現象は全県的に共通した問題となっている。


参考文献

(1) 小田毅・生野喜和人ほか「由布・鶴見火山地域の植生と植生図示」(『奥別府の自然』別府市、一九七四年)

(2) 荒金正憲・小田毅『日向岳の自然　別府の文化財』別府市教育委員会、一九九一年

(3) 小田毅・生野喜和人『猪の瀬戸湿原及び周辺地域の森林植生』猪の瀬戸湿原自然環境学術調査報告書、大分県・別府市、一九九三年

(4) 生野喜和人・中山孝則「別府地域の植物群落」(『別府の自然』別府市、一九九四年)

# 昆虫

三宅　武

## 由布岳の昆虫相

筆者の手元にある平成二十三（二〇一一）年現在の資料によると、由布岳一帯の昆虫は二〇目一三四科一五〇一種である。この中にいわゆる絶滅危惧種とされる環境省レッドリスト選定種は一九種、大分県レッドリスト選定種が三五種含まれており、多彩、多様な環境要素を持つこの山の自然の一端がうかがい知れる。さらに県指定希少野生動植物として、保全のため大分県では採集が禁止されているクロシジミとオオウラギンヒョウモンの二種も生息している。

近年の調査でとくに注目されるのは平成十八年に新種記載されたユフインツヤミズギワコメツキであろう。本種は火山活動による岩礫が堆積した涸れ沢に生息する特異な甲虫である。

クロツブマグソコガネ、ホソナカボソタマムシ、コブハナゾウムシ、コカタビロゾウムシの四種の甲虫は現在まで九州ではこの山域が唯一の生息地として知られている。

これらの記録資料は『由布山』（湯布院町役場、昭和三十三年刊）に鳥潟恒雄（故人）と梅木薫平（現姓、溝口）両氏が記述した後、主として大分昆虫同好会（昭和五十一年発足）の研究活動によって蓄積されたものである。

以下、記録された全種を紹介するのは本書の趣意にそぐわないと思われるため、由布岳一帯の昆虫相について、環境類別および特異性を分析して述べる。

クロシジミ

オオウラギンヒョウモン（メス）

記載に際し、各種名は学名を省略して最新の和名のみに留め、参考にした文献も多数であるため、ここでは割愛させて頂いた。

なお本稿執筆にあたり、一部の甲虫類標本を提供下さった羽田孝吉氏と堤内雄二氏、トンボの生態写真を借用させて頂いた堀田実氏、以上の大分昆虫同好会員三氏に厚くお礼申し上げる。

**火山性草原環境**

由布岳の南麓と北麓に拡がる火山性の草原疎林一帯には特有の昆虫が多くみられる。

ゴマシジミ

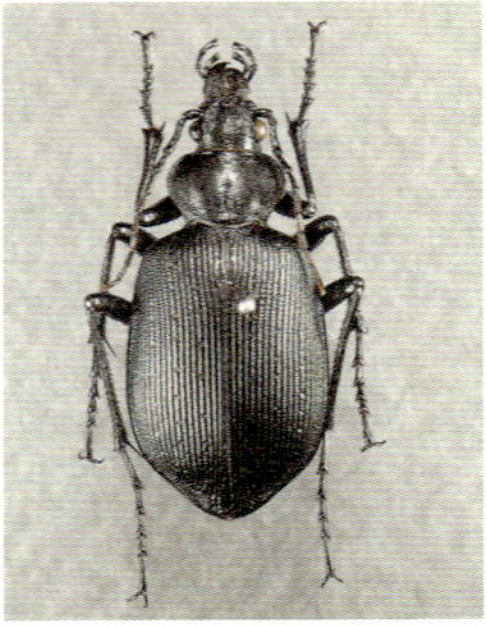

クロカタビロオサムシ

アサカミキリ

ダイコクコガネ（オス）

チョウ目では阿蘇九重火山帯に特有のハヤシミドリシジミとゴマシジミのほか、クロシジミ、オオウラギンヒョウモン、ギンイチモンジセセリ、ヘリグロチャバネセセリなどが生息する。

コウチュウ目ではクロカタビロオサムシ、セアカオサムシ、ダイコクコガネ、マルツヤマグソコガネ、セマルオオマグソコガネ、ツヤマグソコガネ、ヒメビロウドカミキリ、アサカミキリなどはいずれも生息地が限られる種で、各種とも近年の減少傾向が危惧される。

このほかキアシヒバリモドキ、ショウリョウバッタモドキほかバッタ目、クロモンヒラアシウンカ、オオアシナガサシガメ、アザミグンバイ、アカマキバサシガメ、キボシマルカメムシほかカメムシ目、オオチャバネセセリ、ツマグロキチョウ、オオウラギンスジヒョウモン、メスグロヒョウモンほかチョウ目、ヒトツメアオゴミムシ、ミズギワアトキリゴミムシ、ズグロメダカハネカクシ、ニセオオマグソコガネ、ホソツツタマムシ、ヒラタチビタマムシ、クジュウシモフリコメツキ、オトヒメテントウ、ルリナガツツハムシ、カシワコブハムシ、アイノカツオゾウムシほかコウチュウ目などの記録がある。

### 高地森林環境

九州の千メートル級の山にはブナ・ミズナラ林が見られるが、筆者らの知る限り、由布岳にミズナラは見られず、ブナ林の林床にスズタケが見られない。九重山群や祖母《そぼ》・傾《かたむき》山系のブナ・ミズナラ林に生息するフジミドリシジミやアイノミドリシジミ、ヒメキマダラヒカゲなどの分布が確認されないのは、ブナ・スズタケ群集とされる森林生態系と異にする森林の特性によるものと考えられる。

由布岳の落葉広葉樹林に生息する希少な種としてチョウ目ではメスアカミドリシジミ、ミヤマカラスシジ

メスアカミドリシジミ（オス）

ミヤマカラスシジミ

ルリクワガタ

ツノクロツヤムシ

ヘリトゲコブスジコガネ

オオチャイロハナムグリ

ミ、コウチュウ目ではオニクワガタ、ルリクワガタ、ヘリトゲコブスジコガネ、アイヌコブスジコガネ、トゲマグソコガネ、オオチャイロハナムグリ、サビナカボソタマムシ、ヒメハネビロアカコメツキ、トガリバホソコバネカミキリ、トワダムモンメダカカミキリなど、いずれも九州では分布が限られている。

エゾミドリシジミとエゾシロシタバの二種はミズナラを主な食草とすることが知られるが、前述のとおりミズナラが見られないこの山ではコナラで生育していると考えられる。九州では異例の産地であり、わずかな標本しか得られていないが学術的に貴重である。

サビナカボソタマムシ

ヒメハネビロアカコメツキ

ブナ林に生息するツノクロツヤムシはクワガタムシに近いクロツヤムシ科に属し、四国・九州に分布する。同科の種の多くは熱帯アジアに分布し、日本唯一の本種は四国山地から祖母・傾、九州中央山地に分布することから、従前は襲速紀《そはやき》系分布要素の一種とされていた。その後、九重山群と由布岳でも発見され、現在では南方系遺存種と位置付けるのが妥当と考えられている。

このほかヤマトフキバッタ（バッタ目）、ヤスマツトビナナフシ（ナナフシ目）、ヒメハルゼミ、ハルゼミ、エゾゼミ、ミヤマアワフキ、ニッコウホシヨコバイ、ダルマキノコカスミカメ、トビイロオオヒラタカメムシ、エゾアオカメムシほかカメムシ目、マエフタスジトゲシリアゲ、キリシマシリアゲほかシリアゲムシ目、コガタキシタバほかチョウ目、ホソムネクロナガオサムシ、ヒメホソエンマムシ、オオズオオキバハネカクシ、オニクワガタ、クロオビマグソコガネ、ゴホンダイコクコガネ、アオアシナガハナムグリ、ヒロシマオオトラフハナムグリ、ミヤマナカボソタマムシ、ルイスナカボソタマムシ、ミゾムネアカコメツキ、オオアカアシアカコメツキ、ダイミョウヒラタコメツキ、キリシマハナボタル、ウドハナボタル、ベニヒラタムシ、フタモンハバビロオオキノコ、ヒメルリツヤナガクチキ、オオヒメツノゴミムシダマシ、ハンノキカミキリ、ハイイロツツクビカミキリ、ツチイロフトヒゲカミキリ、コボトケヒゲナガコバネカミキリ、チビハナカミキリ、ナカバヤシモモブトカミキリ、ナカネアメイロカミキリ、カスガキモンカミキリ、フクチコブヤハズカミキリ、ムネモンヤツボシカミキリ、キボシチビカミキリほかコウチュウ目などの記録がある。

## 渓谷環境

由布岳には渓谷と呼べる地形は認められないが、隣

エゾミドリシジミ（オス）

エゾシロシタバ（メス）

ウラキンシジミ（オス）

ヤマジナガタマムシ（オス）

接する鶴見岳との間には標高を一気に六百メートルまで下げた鞍部があり、その裾に猪ノ瀬戸湿原がある。この地形が年を通じて霧をよく生じ、周辺は渓谷に似た環境となっている。

この地域の希少種としてチョウ目ではウラキンシジミ、カラスシジミ、コウチュウ目ではヤマジナガタマムシ、ヒコサンヒゲナガコバネカミキリ、ヨコヤマトラカミキリなどが挙げられる。

加えてこの地域はシカやイノシシの一大活動エリアであることから、彼らの糞がよく目立ち、オオセンチコガネ、キマダラマグソコガネやクロツブマグソコガネほかマグソコガネ各種、エンマコガネ各種、チビシデムシ各種など、俗に糞虫と呼ばれるコウチュウ目を多産する。

このほかヨツモンカメムシ（カメムシ目）、オナガアゲハ、スミナガシほかチョウ目などの記録がある。

### 里山環境

豊後富士と称される秀麗な由布岳の山麓には由布院盆地と塚原高原の里山環境がある。今、全国各地で失われつつある、懐かしい情景が拡がり、多様な生物を育んでいる。

キマダラマグソコガネ

ヒコサンヒゲナガコバネカミキリ

ウラゴマダラシジミ

キマダラモドキ（メス）

中でも九州では希少なウラゴマダラシジミ、ホシミスジ、オオムラサキ、キマダラモドキ、ツリフネソウトラガなどのチョウ目、アカマダラセンチコガネ、アカマダラコガネ、アマミナカボソタマムシ、フチトリツヤテントウダマシ、ヒメルリツヤナガクチキ、クビアカナガクチキ、フタコブルリハナカミキリ、クロサワヒメコバネカミキリ、モンクロベニカミキリ、ホソツツリンゴカミキリ、エゴヒゲナガゾウムシほかコウチュウ目の各種は昆虫愛好者らに注目されている希少な種である。

　カメムシ目にもセアカユミアシサシガメ、クロバアカサシガメなど興味深い種が生息する。

　このほかキマダラカマドウマ、スズムシ、タンボオカメコオロギほかバッタ目、オオキンカメムシ（カメムシ目）、ラクダムシ（ラクダムシ目）、オオミノガ、サツマニシキ、シロシタホタルガ、ミヤマチャバネセセリ、エゾスジグロシロチョウ、アカシジミ、ミズイロオナガシジミ、オオミドリシジミ、サツマシジミ、ヒカゲチョウ、ウラナミジャノメ、カワムラトガリバ、イボタガ、キシタバほかチョウ目、キュウシュウクロナガオサムシ、エグリゴミムシ、ハギニセチビシデムシ、オオマルタマキノコムシ、ツマグロツヤムネハネ

アカマダラセンチコガネ

クビアカナガクチキ

フタコブルリハナカミキリ

エゴヒゲナガゾウムシ

カクシ、スジクワガタ、ツノコガネ、ムネアカセンチコガネ、マメダルマコガネ、ヒメコブスジコガネ、キュウシュウナガタマムシ、ヒコサンナガタマムシ、ツシマムツボシタマムシ、クリタマムシ、イチハシチビサビキコリ、ツマグロコメツキ、オオオバボタル、ゲンジボタル、アカネトラカミキリ、ケブトハナカミキリ、クビアカハナカミキリ、ハネビロハナカミキリ、ホソツツリンゴカミキリ、ベニバハナカミキリ、ニセハイイロハナカミキリ、ムラサキアオカミキリ、モモグロハナカミキリ、クビジロカミキリ、トラフカミキリ、エゴツルクビオトシブミ、リュイスアシナガオトシブミ、エゴシギゾウムシほかコウチュウ目、ヨウロウヒラクチハバチ、ワラビハバチ、ムモンホソアシナガバチ、ナミツチスガリほかハチ目などの記録がある。

## 湿地環境

由布岳は湿地環境には恵まれておらず、水生昆虫を代表するトンボ目はわずか三十五種の報告に留まる。この内注目すべき種としてモートンイトトンボとハラボソトンボの記録がある。

　イトアメンボは近年、全国的に絶滅が危惧される種である。近縁のヒメイトアメンボやオキナワイトアメ

セアカユミアシサシガメ

モートンイトトンボ（メス）

ハラボソトンボ（メス）

オキナワイトアメンボ

ンボは水辺に健在する。

　ミズギワアトキリゴミムシ、クロサワドロムシの二種は限られた分布しか知られないコウチュウ目である。このほかベニイトトンボ、ミルンヤンマ、ミヤマサナエ、オジロサナエ、タイリクアキアカネ、アキアカネ、ミヤマアカネ、タイリクアカネほかトンボ目、オオアメンボ、ミズギワカメムシほかカメムシ目、シマケシゲンゴロウ、ヒコサンセスジゲンゴロウ、コクロメダカハネカクシ、アカモンミゾドロムシ、マルヒメツヤドロムシ、チビマルヒゲナガハナノミ、ミズギワコメツキ、キアシミズギワコメツキほかコウチュウ目などの記録がある。

### 南方系遺存種

北麓の塚原の一角に位置する霧島神社には常緑広葉樹のアカガシやヤブニッケイが構成樹となって、うっそうとした境内林が保全されている。南方系遺存種ヒメアヤモンチビカミキリの特異な生息地となっており、地史を語る生き証人とも云える。

　森林帯に生息するツノクロツヤムシも、前述したように南方系起源の種である。

ヒメアヤモンチビカミキリ

ムナコブハナカミキリ

アカジマトラカミキリ

ハケゲアリノスハネカクシ

キョウトチビコブスジコガネ

クロツブマグソコガネ

## 北方系遺存種

由布岳一帯を概ね支配する寒冷な気候は、多くの北方系遺存種の生息地となっている。

代表的な種としてムナコブハナカミキリ、アカジマトラカミキリ、ヨコヤマトラカミキリ、ルリボシカミキリなどが挙げられる。いずれも暖地九州にあって局地的な分布を示す昆虫であり、大陸に起源する種と考えられている。

## 特異な昆虫の分布

熱帯圏に広く分布するハラボソトンボが山麓部温泉地の池に多産する。寒冷地では異例の分布であろう。

ハケゲアリノスハネカクシはクロヤマアリの巣で名前の通りアリと共生する特異な生態の甲虫で、詳しい分布はよく分かっていない。

キョウトチビコブスジコガネは国内では京都府の一部にのみ知られる種であったが、山麓の猪ノ瀬戸と塚原で発見され、分布概念を破る記録として学会で注目された。野鳥の羽毛などで幼虫が育つという。

猪ノ瀬戸一帯の林内はクロツブマグソコガネの九州における唯一の生息地となっている。林内に生息するシカの糞を処理する糞虫の一種である。

ユフインツヤミズギワコメツキ

ホソナカボソタマムシ

ユフインツヤミズギワコメツキは前述した火山帯の種で、現在まで大分県以外には知られていない。

ホソナカボソタマムシは、裾野草原の路傍に生育するナワシロイチゴという野草で見つかる。全国的に希少な種で、本州中部地方と由布岳山麓の草地にしか知られていない。

塚原の雑木林では晩春のウワミズザクラの花に集まるコブハナゾウムシ、生態が分かっていないコカタビロゾウムシが見つかったが、いずれも九州では唯一の生息地である。

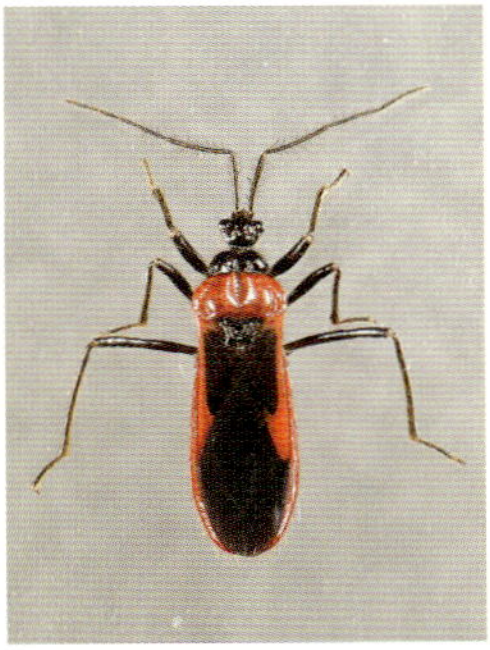

クロバアカサシガメ

ギンイチモンジセセリ

## 由布岳一帯の絶滅危惧種一覧

自然環境の保全が、従前に増して高い関心事となった近年、環境変化により絶滅が懸念される動植物種はその指標として注目が集まっている。

ここでは環境省および大分県が選定している絶滅危惧種の内、由布岳一帯に生息する種をまとめた。参考にしたのは次の資料である。

『絶滅のおそれのある野生生物の種のリスト　環境省版レッドリスト　昆虫類』（環境省、平成十八年）および『改訂版見直しリスト』（環境省、平成一九年）『レッドデータブックおおいた　大分県の絶滅のおそ

ハヤシミドリシジミ（オス）

カラスシジミ

れのある野生生物』（大分県環境部生活環境課、二〇〇一）および『二〇一一年見直しリスト』（大分県環境部生活環境課、二〇一一）

※種一覧の太字〝環〟〝県〟はそれぞれ環境省と大分県の略、以下の表示は絶滅危惧ランク（カテゴリー）を表している。

〔絶滅危惧種一覧〕

ベニイトトンボ　環Ⅱ（ＶＵ）
モートンイトトンボ　県ⅠＢ（ＥＮ）
クロバアカサシガメ　県情報不足（ＤＤ）
イトアメンボ　環Ⅱ（ＶＵ）　県ⅠＡ（ＣＲ）
ツマグロキチョウ　環Ⅱ（ＶＵ）　県準（ＮＴ）
カラスシジミ　県準（ＮＴ）
ゴマシジミ　環Ⅱ（ＶＵ）　県ⅠＢ（ＥＮ）
クロシジミ　環Ⅰ（ＣＲ＋ＥＮ）　県ⅠＢ（ＥＮ）
オオウラギンヒョウモン　環Ⅰ（ＣＲ＋ＥＮ）　県ⅠＢ（ＥＮ）
ホシミスジ　県準（ＮＴ）
オオムラサキ　環準（ＮＴ）　県Ⅱ（ＶＵ）

オオムラサキ（オス）

ホシミスジ

マルツヤマグソコガネ

アイヌコブスジコガネ

オニクワガタ

アマミナカボソタマムシ

トゲマグソコガネ

セマルオオマグソコガネ

フチトリツヤテントウダマシ

クロサワドロムシ

ツヤマグソコガネ

キマダラモドキ　環準（NT）　県Ⅱ（VU）
ウラナミジャノメ　環Ⅱ（VU）　県Ⅱ（VU）
ギンイチモンジセセリ　環準（NT）　県準（NT）
ツリフネソウトラガ　県準（NT）
クロカタビロオサムシ　県Ⅱ（VU）
セアカオサムシ　県Ⅱ（VU）
ヒコサンセスジゲンゴロウ　県準（NT）
キョウトチビコブスジコガネ　環情報不足（DD）
アカマダラセンチコガネ　県準（NT）
ゴホンダイコクコガネ　県準（NT）
ダイコクコガネ　環Ⅱ（VU）　県Ⅱ（VU）
セマルオオマグソコガネ　環情報不足（DD）
オオチャイロハナムグリ　環準（NT）　県準（NT）
アカマダラコガネ　環情報不足（DD）　県Ⅱ（VU）
クロサワドロムシ　県準（NT）
クビアカナガクチキ　県Ⅱ（VU）
クロサワヒメコバネカミキリ　県準（NT）
ヒコサンヒゲナガコバネカミキリ　県準（NT）
スネケブカヒロコバネカミキリ　県準（NT）
ヨコヤマトラカミキリ　県準（NT）

モンクロベニカミキリ

トワダムモンメダカカミキリ

クロサワヒメコバネカミキリ（オス）

ヒメビロウドカミキリ

ヨコヤマトラカミキリ

スネケブカヒロコバネカミキリ

モンクロベニカミキリ
県ⅠB（EN）
ムラサキアオカミキリ
環準（NT）県準（NT）
ヒメビロウドカミキリ
県Ⅱ（VU）
アサカミキリ　環Ⅱ（VU）県ⅠB（EN）
ホソツツリンゴカミキリ
県準（NT）
オオセイボウ　県準（NT）

由布岳の昆虫図版（本文中に記述された種より抜粋）

コカタビロゾウムシ

コブハナゾウムシ

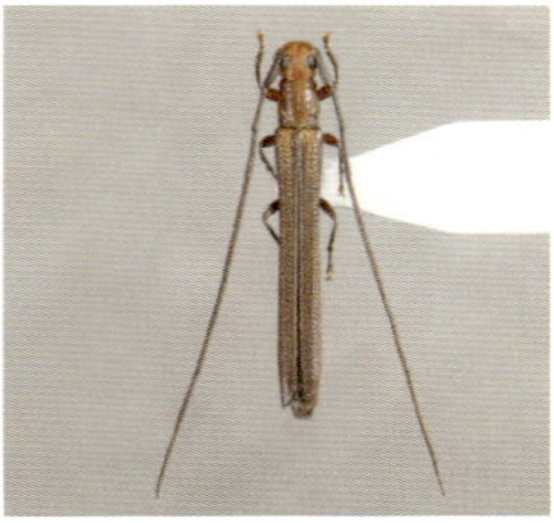

ホソツツリンゴカミキリ

# 由布岳は広い「オオゴトじゃった山のお話」

中谷健太郎

## はじめに

由布岳は村人の自慢の山です。「豊後富士」とも言うから、大分県全域の自慢でもありましょう。

その由布岳に、私はあまり登っていない。五、六回ほどのマイ登山の記憶は、ヒイヒイ登って、ズルズル降りて、三日ほど脚が突っ張った、そんなところです。

だけど、村の人たちは、朝晩、年中、元気に登っている。朝草切り、牧野の手入れ、樹林の根払い、渓谷の整備、防火線切り、野焼きの火入れ……、おっとその前には信仰の回峰行や雨乞いの祈禱などなど。

だけどこの頃は、そういった「山仕事」も少なくなって、村人も昔ほどには山に登っておりません。「山登り」の話は残っても「山仕事」の話は消えていく。

そのことが寂しくて、一夜寄っていただき、一杯やりながら皆さんに話を聴きました。

ところが、まあホントかいな?

## ビールの乾杯で始まる

「あっこにもあったでえ、山小屋が。正面の飯盛《いもり》ヶ城《じょう》の下に岩場があろうがえ、上水《うわみず》の、水の出よる所な」

「あげな所に山小屋が建っちょったんですか?」

「うん、あっこにな、まだ建っちょるじゃろ」

「ええ? いや、そりゃもうなかろう、目にかかりませんでえ」

「いや、石の基礎がな、まだあるはずじゃ」

「誰が建てたんですかなあ、タケさん(溝口岳人山の主、玉の湯旅館の創設者)じゃろうか、お庄屋の」

「別府市と共同で建てたとか聞きましたがなあ」

「いや元はもっと古いんじゃないですか。佛山寺の庵もあの辺にあったらしいし」

「ええッ、あげな山の上に佛山寺が?」

「いや、お寺ちゅうても修行する人が寝泊まりする為の〝庵〟みたようなものだったと思います」

「佛山寺の観音さまは、上水のネキ（すぐ近く）の観音岩《かんのんいわ》に祀られちょったんじゃわな。それが慶長の大地震の時に転げたんで、村の人が拾うて佛山寺に収めた、じゃろ？」

「いや、拾うたかどうかは分かりませんが（笑）、今は佛山寺にあります」

「キリストのマリア観音じゃ、ちゅう話はほんとですか？」

「さあなあ。三十三年に一回のご開帳じゃから、なかなか拝めんし、分からんわなあ。十何年か前にご開帳があったから、こん次はもう観られんじゃろ」

「お幾つですか？」

「八十六（笑）」

「こりゃ大丈夫じゃ（笑）」

## つまみが出始める

「岳本口からの道が登れんらしいなあ」

「うん登れん。狭間《はざま》ヶ谷《たに》が滑ったけんなあ。十九号台風と、もうひとつ前があったわなあ。なかはもうぐちゃぐちゃじゃ。木やら何やらが、まだびっしり被っちょる」

「由布岳の南面に降った雨が、どっかこっかで谷になっち、下の津江《つえ》、岳本村に流るるんじゃわ。いちばん北が飯盛山《いいもりやま》からまっすぐ出ちょる北ノ堀じゃろ？それから南ノ堀、中山ン谷、丸尾ン谷があっち、旧台《フルデエ》道《ミチ》があって、狭間ヶ谷になる。これが滑ると岳本村は大ごとじゃ」

「それから寺山《てらやま》ン谷があって、さっき言うた、上水の辺から出ちょる水《みず》の口《くち》ノ谷があるわなあ。飯盛ヶ城の手前を南に下って、中《なか》ン原《はる》から津江村に入っちょる」

「結局、今掘川《いまほりがわ》になっち、金鱗湖に入りよるんじゃろ？」

「まあ、そういうことじゃなあ、川も変わったわい。道路工事が激しかったきなあ。大正ん頃も、昭和になってからも」

「そりゃああんた、日出生台《ひじうだい》の演習場は大きうなる

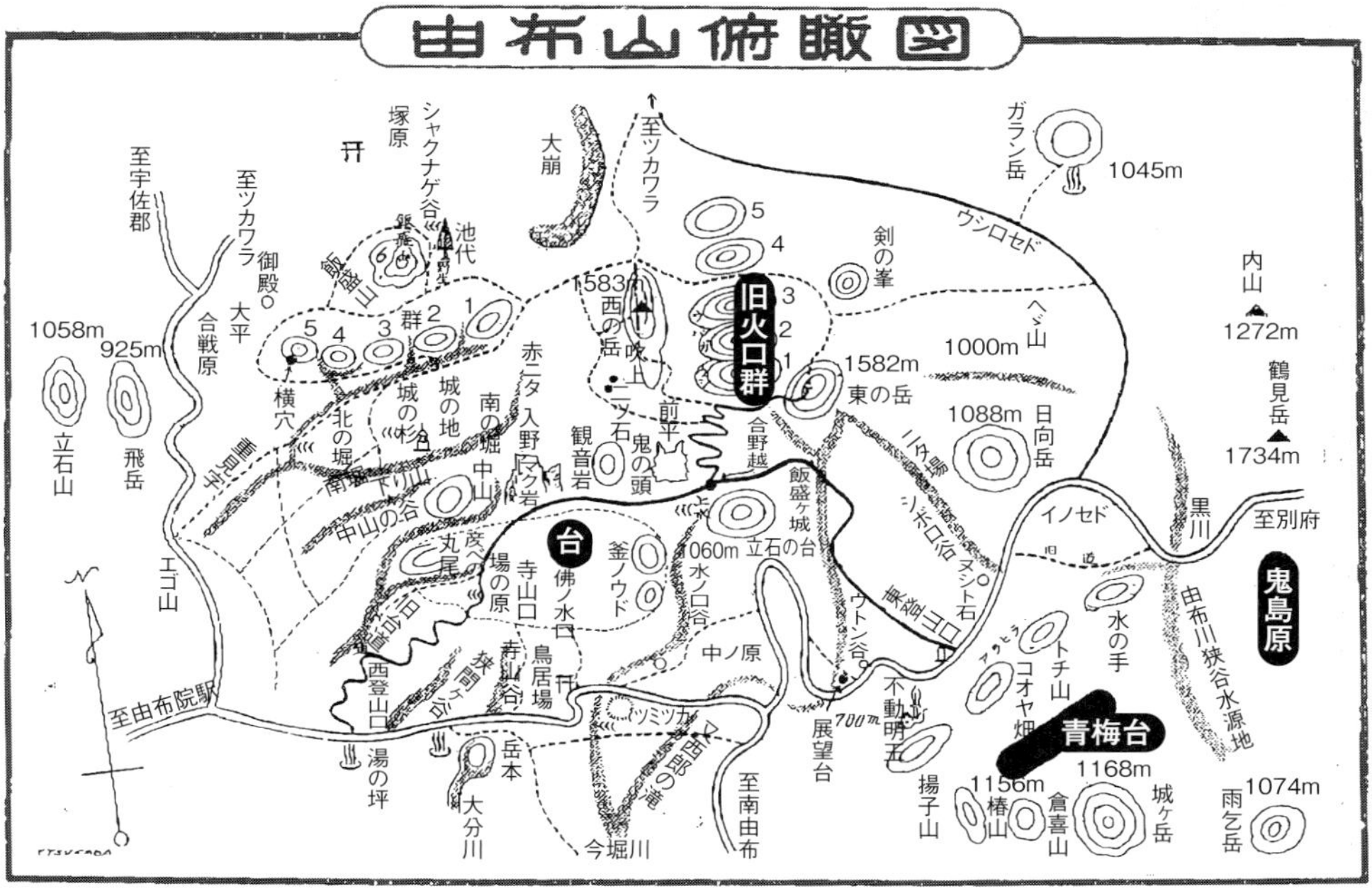


昭和33年頃の「由布山俯瞰図」『由布山』（加藤数功編、岩男頴一発行者、昭和33年３月、湯布院町役場発行）より作図

わ、久大線《きゅうだいせん》は走るわ、別府港道《べっぷこうどう》は拓くわで、もう工事だらけじゃ。川も谷も変わっちしもうた」

「ウトン谷は、飯盛ヶ城の東側から由布院に入っちょるけど、あっちこっちで自動車道路と行き合うち、出たり潜ったりしちょるなあ」

「それで、ケカチ水になったり、又四郎《マタシロ》ン滝になったりして、今掘川に出ちょるんでしょうなあ」

「ケカチ水ちゃなんですか？」

「ケカチちゃあ飢饉とかいう意味らしいな。いきなりボオッと湧くんじゃ。崩戸《くえと》ん奥の穴からな。そりゃ勢いがいいわい。あれが出ると稲ん出来が悪いちゅうで」

「いつ頃出るんですかな？」

「雨ん多かった後じゃな、梅雨ん後とか。二百十日ん後とか」

「崩戸じゃったら源は椿山《つばきやま》ん方かも知れませんなあ。あっこが慶長の大地震で崩えたんじゃき」

「うん、後ろに倉木山《くらきやま》やら城ヶ岳《じょうがだけ》が控えちょるから、地下水は深いでしょう」

「うーむ、両方からじゃろうなあ。地下で由布岳からのウトン谷と合流しちょるんじゃねえかい？　道路は後でできたんじゃから」

「金鱗湖の出口で大分川に合流しちょるけど、その金鱗湖には狭間ヶ谷やら、丸尾ン谷やら、中山ン谷から出た山水が、みな流れ込むから大ごとじゃわなあ」

「今掘川の合流口のすぐ下で、北から中島川も入っちくるから、大分川が堰き止められち、金鱗湖が溢る」

「昔は岳本の新田《しんでん》から湯の坪の壺池まで、ほとんど、どぼどぼじゃったきな。それがダムの役をしよったんじゃろ」

「そうじゃなあ。駅ん近所を埋め立てたのんが明治の頃じゃから、それまでは、どぼどぼじゃったろう」

「〝棘《イガ》ん木に登るがいいか、由布院に婿にいくがいいか〟ちゅう噺があったらしい（笑）。どぼどぼん田で牛が入れんから、婿が入って代わりに田を掻く（笑）」

「そげんこともあって、終戦後にダムの話が出たんかも知れんなあ」

「あんときゃ大ごとじゃったなあ。鴨緑江《おうりょくこう》でダムを造った人じゃから、こげな広さなんか、訳はあるもんか、ちゅうて。アユカワ先生じゃったかなあ。もう明日にも工事にかかるような勢いじゃった（笑）」

「ほりゃ、反対の岩男団長さん（岩男顕一、岩男病院院長）たちも強かったきなあ。村の角々に火を焚いち、竹槍を持っち番をするんじゃ」

「え、何の番をするんですか？」

「そりゃあんた、切り崩しに来るのを来させんごとするんじゃわ（笑）。竹槍でもってな」

「できちょったら五、六百年前の由布院に戻っちょったかもしれんなあ」

「ふうむ、なるほどなあ」

## 酒がまわる

「岳本口から登れんごとなったのは惜しいなあ」

「良い道じゃったけどなあ。狭間ヶ谷と原生林の脇を、あんげこんげ登って、ぽっと台に出《デエ》たときが良かったなあ」

「うん良かった。もう目の前がどーんと全部〝由布岳〟じゃからなあ。ヒゴダイやら、オネゴ（翁草）やらリンドウが広がっち、キスミレ（黄菫）も多かったですなあ」

「彦辺野《ひこべの》から丸尾ん近所じゃあ〝笹ナバ〟もよう採れた」

「どの近所ですか？」

「そりゃ言われん（笑）」

「台の正面を上がった所の、登り口が合野越《ごうやごし》じゃわな。右につくばっちょるのが飯盛ヶ城で、景行天皇の狼煙《のろし》の跡がある。飯盛ヶ城の手前を南に下ると水の口の登り場に出るし、向こう側を巻くと別府峠の東登山口じゃ。自動車道を渡った所が青梅台《オウメンデエ》で、椿山の名残りから、倉木山、城《じょう》ヶ岳《だけ》、雨乞岳《あまごいだけ》に続く」

「尾根伝いに行けば、猿の高崎山《たかさきやま》に行きつく。柞原《ゆすはら》神社やらがあっち……」

「由布岳の、西の岳の噴火口から鶏を入れたら、高崎山の天辺でコケコッコーち鳴いたちゅうで（笑）」

「いや、そりゃ鶴見岳じゃろう、すぐ隣の（笑）」

「そういう説もある（笑）」

「合野越を西に下ると、こんもりした所があって、さっき言うた上水が湧きよる。そん上の方の森ん中に観音岩があるんじゃ」

「大けなのが三つ、並んじょるわな。鬼《おに》の頭《かしら》と、観音岩と、幕岩《まくいわ》と」

「もう見えんなあ。杉ん木が太っちしもうち、大きな森じゃ。前は下からよう見えよったんじゃけどなあ」

「あっこの土地はたしか、県に買うて貰うたんじゃったろう。消防ポンプを買う費用にするとか言うち」

「うん、ポンプが徴用に合うたんじゃ。田舎に、こげな立派なポンプは要るめえち言うち、大阪ん方にもっていかれた。ほりゃあ上等なポンプじゃったわい」

「えッ、もってかれたち、どういうことですか？」

「どういうち、あんた、有無を言わさんのじゃ。召集令状と一緒じゃ（笑）」

「なにえ、それで、代わりは来たん？」

「来んきあんた、山を売って買うたんじゃ。ポンプ無しじゃあ、ならんきな。そしたら、あんた馬車ポンプがきた」

「バシャ・ポンプ？」

「馬車じ曳かんならんようなポンプじゃ（笑）。火事ん時やらもう間に合いやせん（笑）」

## 酒がどんどんまわる

「その山ん木がしこって（茂って）、幕岩やら観音岩やらが分からんごとなった」

「いつじゃったか、雨乞いをしたろうがえ。先々代の湘山和尚《しょうざんおしょう》が、観音岩じ大般若経を読んで、あん時が大ごとじゃったなあ」

「もう、大ごとでした。強い人んじょうに登ってもろうたんじゃけど、観音岩が判らんのですよ、真っ暗う茂っちょって」

「あれのお蔭で道が拓けち、行きやすうなったわなあ。それでお寺のご祈禱やらも、時々しよったろう？観音岩で」

「ええ、山開きの式典も何年かしました。そじゃけど続かんじゃったですわ。大変です。あそこまでいろいろ運び上ぐるのは」

「お客が音をあげたわなあ、町長さんやら、誰やらが」

「それで合野越に下りましたから、山開きが楽になりました」

「いや楽にはなりません（笑）。いつじゃったか東登山口から登ったんじゃけど、息が切れてなあ。ウトン谷から飯盛ヶ城に向かう辺りで、もうヒーヒー（笑）。そしたら後ろから、わしよりも大きなヒーヒーが聞こゆるんじゃ。誰じゃろうか、ち振り向いたら、派出所の警部補さんじゃった（笑）」

「大丈夫かなあ（笑）」

「それでこの頃は東登山口のすぐ上の平場でするんです。駐車場の傍らの。じゃから集まりが良いです」

「そっりゃ良かろう。誰もヒーヒー言わんじゃろ（笑）」

## 焼酎も出てきた

「あっこは牧野んなかじゃろ？」

「うん、真ん中じゃ。峠じゃからな。東に下ると別府じゃ。広いわなあ、野ッぱらが。西はウトン谷から、東はシボロン谷まで、見渡す限りじゃ」

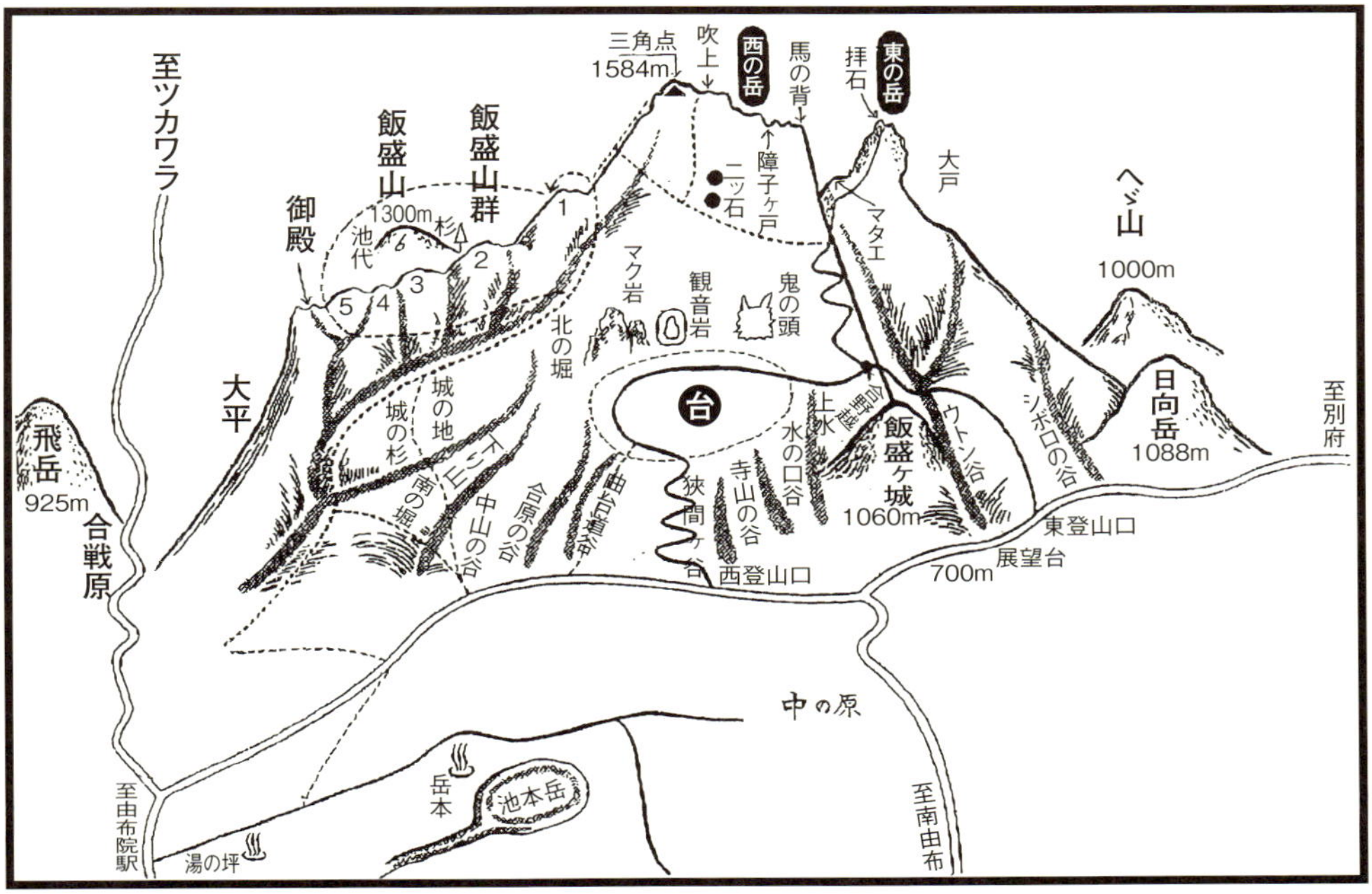


昭和33年頃の「由布山南面図」『由布山』より作図

「毎年シボロン谷の境から火を入れち、ずうっと西どり、野を焼くんじゃけどが、良う焼くるときゃ、気持ちがいいなあ」

「わしは道から観ちょるだけじゃけど、由布岳に焼き込むことはねえんですか？」

「防火線を切っちあるから、焼き込むことは殆どねえなあ」

「やっぱ風しだいじゃな。時々、下から吹き上ぐる風があるき、油断はできん」

「始めさえ、ぼちぼちやれば、あとは世話あねえな。どんどん焼いち下るばっかりじゃ」

「上ん方は坂がきついから、石を転がさんごとせんと、それが危ねえ」

「いきなり、火が立つきなあ。風に煽られち、顔がふすぼる、眉毛が焦ぐる（笑）」

「とにかく煙てえです。眼がもう燻製じゃあ（笑）」

「必需品は帽子と、頬被りと、水中眼鏡じゃな。それに水筒、弁当」

「手には手袋、首に手ぬぐい、背中にジェット・シューター（注）」

「宇宙飛行士じゃな（笑）」

「しかしジェット・シューターは助かるなあ。昔は一升瓶に水を詰めて担いよったんじゃから」

「重てえきなあ。早えこと、飲んだり、埋もれ火にかけたりして、空にしてから穴を掘っち、埋めち帰るんじゃ」

「登り口ん所を掘っちごらん。一升瓶が山んごと出てくる（笑）」

「消防車が廻うてきて、ジェット・シューターに給水してくるるのもありがてえなあ」

「そじゃけど、あんまりな山盛りサービスも、ありがたくねえんで。バーじゃねえんじゃから（笑）重とうで担ぎきらん」

「とにかく広いわなあ、由布岳を焼くんじゃから。西は重見《しげみ》ン野《の》じゃろう？　東はシボロン谷から南斜面を全部焼いち、飯盛ヶ城から中ン原まで、道路を越えて、おとぎ野まで焼くんじゃからなあ」

「そじゃけど焼けんところもあるんで。なんぼ火を入れても、消えちしまうんじゃ。崩戸ん上の〝タバコ尾根〟んところなあ」

「うん、あっこは放《ほ》たっちょいていいなあ、自然と消ゆる」

「いつか俺が分団長んとき、ケガで現場から離れちょったんじゃ。そしたらウーウー言うち、広域消防のサイレンが行くじゃねえかい。〝なにごつかッ〟ち追っ駆けち訊いたら、焼き込んだちゅうんじゃ。それがタバコ尾根じゃ。〝バカタレがッ。あっこは燃ゆらせんのじゃ〟〝燃えよるんじゃ〟〝燃えよっても消ゆるんじゃ〟（笑）

本団と分団が喧嘩になっち、〝オマエたちゃ、なんも分からんじおいち、一歩も入れんど〟ちなったんじゃ。結局、〝鴨川〟で一杯呑んで、仲直りした（笑）」

「ほんと燃えんのですか？」

「燃えん。下草の地が湿っちょるきな、じわっと消ゆるんじゃ」

「崩戸は土地が崩えちょるから、土の層が、いろいろになっちょるんじゃねえかい？　水はケカチ水が湧くし、石は〝八十八ヶ所〟から下は鉄平石じゃ」

「鉄平石は湯の坪まじ続いちょるな」

「そんくせ崩戸ん上の石は柔うじなあ。挽き臼にぴ

現在の野焼き（撮影・城本武千代）

ったりじゃ。石工さんたちが、よう切り出しよったわい」

「ヤマメ料理を食べさする店の、別府道路が突き当たる、あん山ですかねえ？」

「そうそう、あっこにお稲荷さんがあるじゃろ？」

「あるある。あん近所はカミサマが多いなあ。稲荷様に、山ン神、水の口の方に弁財天《ベザイテン》、それから峠の手前に不動様」

「弁財天ちゃ、あの大石に注連縄が張っちある、あれですか？」

「そうそう、あの大きな石の割れ目にな、蛇がおるちゅうんじゃ」

「おるおる、わしゃ見たんですよ、子どもんころに。小せえ白蛇が石の割れ目におっちょった」

「それが弁財天さまの化身じゃちゅうんじゃ。枝温《えだぬる》湯《ゆ》ん人たちが世話をしよってな。今もしよるじゃろ」

「そじゃけど、その後、何回か行っちみたけど、蛇はおらんじゃったですよ」

「月の内の前十五日は、あっこに居っち、後の十五日は、枝温湯の宇奈岐日女《うなぎひめ》神社に帰っちょるちゅうから（笑）。そじゃから毎月十五日にお神酒を抱えち、弁財天さまをお迎えにゆくそうな」

「往きにゃ抱えち行っち、帰りにゃ抱えられて帰るんじゃ（笑）」

## 焼酎がどんどん出る

「牧野が広いきなあ。牛を見つくるんが大事じゃった。牛ん奴は遠いまで歩くんでえ、道向こうの城ヶ岳ん方まで見つけに登ったら、隣村の庄内《しょうない》ん衆が来ちょっち、〝俺も見つけよるんじゃ〟（笑）。昔は繋がっちょったきなあ、村同士が」

「別府道路の峠を下りた草場に駄番小屋《だばんごや》があったろ？　牛が城島《きじま》ん方に行かんごと、泊まり込みじ番をしよったんじゃ」

「牛ん奴は頭が良いきなあ。少々の柵ぐれえじゃ、どっからか抜けちいくんじゃ」

「牧野は広いきなあ。柵に困っち〝何で造るか？〟で、有刺鉄線にしたんじゃ。そしたらあんた、棘ん所にビッシリ牛の毛がつくんじゃなあ。〝こりゃ、よい。牛が毛を採られち、裸んばらになっち、風邪をひくど〟ちゅうて（笑）。それで普通の番線に替えた」

「牛が城島ん方に行きたがっちなあ。あっちん方に、トウキビ畑があるらしい。〝ソレイケ〟ちゅうんでな、それで向こうに捕まっちょる、ちゅうから、麦やら豆やら持っち、請け出しに行くんじゃ（笑）」

「それで駄番小屋を造ってな、交替じ、泊まり込んじ、牧野に牛を堰きとめた」

「牛は堰きとめちおいて、自分たちや、そんまま別府ん浜脇まじ、歩いち遊びに行きよった（笑）」

「えッ、浜脇まで歩いて、ですか？」

「うん、わきゃあねえ。青梅台の脇から猪《い》ノ瀬戸《せど》ん東を突っ切って、東山に出るんじゃわ。由布川渓谷の源でな」

「志高《しだか》のゴルフ場があるでしょう？　あっこの手前を左に下りて行けば、すぐ浜脇ですよ（笑）」

「浜脇ん灯がチラッとでも見ゆると、脚が速うなる（笑）」

「往きは速かろうけんど、帰りはもうなあ（笑）、息が上がる」

「脚は重てえけど、財布は軽い（笑）」

「そろそろ由布岳に登ろうえ。別府に下って、どうするんかい？（笑）」

「帰りは青梅台ん所が難所じゃったなあ。あっこを越ゆると、もう盆地の峠じゃきな」

「青梅台に風穴があっち、夏でも氷が採れよったちゅうなあ」

「蚕ん卵が傷むからな。組長さんがまとめち、担ぎ上げて、冷てえ穴ん中に入るるんじゃ、そりゃ大ごとじゃったわい」

「えッ、青梅台が、そげえ大ごとじゃったですか？」

「いや、池代《いけしろ》んこつを言いよるんじゃ。西の岳の向こうにあろうがえ」

「ちょっとまっちょくれ」

「飯盛山ん手前の、菖蒲がある所、あれを採ってきて雨乞いをするんじゃけど、お礼参りに登るのに、足を止めたら効き目がのうなるちゅうんじゃ。そりゃあ酷かった」

「ちょっと分からんごとなりよるなあ（笑）。ほんなら、もう西の岳の方に登りますか？」

「池代ん下ん方に、林野庁の監視人道路が渉っちょるじゃろ。大けな樹やら、石やら、苔があっち、お庭を歩くごとあったけど、まだあるろうか？」

「さあ、この頃行かんからなあ。大水で、やられちおりゃせんかい？」

「いや、そりゃもうやられちょる。中ン谷と、狭間ヶ谷と、二回出たきなあ。いや三回か？」

「そりゃ西登山口の話じゃろう。岳本から上がる」

「あ、そうか。しかし台の上ん方は、もっと出ちょるで、大水が」

「いや、出ちょるちゃ、五回も、八回も」

「なんか分からんごとなってきたなあ」

「為朝《ためとも》の犬塚も流されちょるで、もう出てこんじゃろ。土石流じな」

「宝篋印塔《ほうきょういんとう》も、分からんな、埋もっちょるじゃろ」

「為朝が、八丁礫《はっちょうつぶて》ノ紀平治《きへいじ》に会うのは、台かなあ。それとも弓矢じゃろか？」

「分からん、わからん」

「分からんち、あんた有名な話でえ、鎮西八郎為朝のな」

「犬が吠えたから為朝が斬ったち、そしたら犬の首が飛んじ、大蛇の首に食いついたち言うんじゃ」

「犬塚がその首かい？」

「首じゃねえ、霊を祀っちあるんじゃ。為朝が祀ったんじゃ」

「どこにあるん？」

「それが流れたんじゃ」

「どこに？」

「どこか分からんわい。土石流じゃき」

「分からん、わからん」

「やっぱ現場にいかんと、よう分からんなあ」

「水の口からの牧野道が良うなっちょるから、車で合野越の下まで行かれますよ」

「おう、ほんなら田仕事が済んじから、昼間、車で合野越まで行きますか？　弁当持っち」

「うん、それがいいなあ。そうしよう、そうしよう」

「よしッ。今夜は良い話ができました。どなたもおおきに、ありがとうございました」

「あんた、こげな良い会を、今一番いいときに解散ちゃ、そりゃ酷じゃわい」

「ううむ、ほんなら、もう三十分だけ延長します」

「正しいッ」（拍手）

注　ジェットシューター　背中に担った大きな水嚢から落差を利用して水を噴射させる器具。野焼きの時に使用した。たっぷり入れてもらうと「重い」という勲章が付いてくる

出席者
足利能彦　佐藤修治　佐藤伸一
佐藤虎喜　八川　徹　八川正和

『由布山』表紙カバー（加藤数功編、岩男頴一発行者、昭和33年３月、湯布院町役場発行）

# 由布岳を想う

裏 文子

## 聖なる山

ゆふいん駅に降り立つと真正面にそびえる由布岳。由布岳はたおやかに両手を広げて私たちを迎えてくれる。春の萌黄色、夏の緑、秋の紅葉、冬の雪景。山肌のキャンバスは一年中季節の彩りで描かれていく。

太古の昔からそこに慄然《りつぜん》と存在してきた由布岳。その豊富な蓄水をいただきながら集落が生まれた。

天正年間にはキリシタン大名・大友宗麟の一族で、由布院の豪族・奴留湯《ぬるゆ》左馬介《さまのすけ》の庇護のもと、多くのキリシタンが住んでいたという。

『豊後国風土記』によると、由布の語源は「柚富郷《ゆふのさと》、この郷の中に栲《たく》の樹多《さわ》に生《お》ひたり。常に栲の皮を取りて、木綿《ゆふ》に造れり。因りて柚富の郷といふ」の地名説

霧がたちのぼる由布岳（撮影・浜司博康）

から「柚富」「木綿」由来の「由布」地名となっている。

一方、大分県地名「和名抄」（加藤貞弘『「和名抄」大分県古地名の語源と地誌』古国府歴史研究会）によると、ユ（斉・癒）、フ（処・辺）という説が本来の地名語源だという。〈ユ〉は「聖なる地、祭り場のある処」を指し、神聖な、という語意。〈フ〉は「～がある所」と所在、状態をしめす。したがって、聖なるものがある処、神聖な雰囲気の漂う地が〈ユフ〉地名となり、聖なるものは由布嶽。その秀麗な姿は豊後国の象徴でもあり、古来より山岳信仰の峯となっていたという。

豊後国府の在庁官人が苦心して創った「木綿」地名説話を大切にしながらも、「由布」という貴重な地名語源も尊重したい。由布岳に日々癒されている私は「和名抄」に親しみを感じている。

由布岳の遠景は美しい。大分市、別府市はもちろん、県北の国東半島からも、その雄姿を望むことができる。

熊本・福岡方面から湯布院へ入ると、水分峠付近から、空にせりあがった由布岳の稜線が見えてくる。この辺りからみた印象を水上勉の『木綿恋い記』（文藝春秋社）では「馬の背中のようだ」と述べている。

また、儒学者・毛利空桑《もうりくうそう》は由布市挟間方面から見た景色が由布岳の正面だという。そこから望む由布は正に豊後富士と呼ばれるだけの優美さを誇り、鶴見岳・高崎山と並ぶ三山が夕焼けに浮かぶシルエットは印象的だ。

南由布院駅辺りから眺めると中央に由布岳、手前に飯盛ヶ城《いもりじょう》、左右に福万山《ふくま》と倉木山を据えた全貌をとらえることができる。

塚原高原から見る裏由布は、山頂の火口跡が大きな枯沢となり山肌が崩壊している。裾野に転がる巨石と、溶岩ドームに古代の噴火の歴史が刻まれている。

福岡に住む知人のN君は、多方面から由布岳を描いている。それぞれの季節の彩りで、これまで二〇〇点以上の由布岳を制作しているようだ。

「そんなにおもしろいですか。この山が」

「由布岳は魅力的なんです。描いても描いても描ききれないほどです」

半ばあきれて質問する私に、彼はさもいとおしそうに由布岳を称賛するのだった。

　また、熊本県の友人や地元の男性も一年を通して由布登山をしている。描く人、登る人、彼らにとっても由布岳はユフ＝癒布＝癒す処なのかもしれない。


　由布院盆地から見る雨上がりの由布岳は格別だ。雨に洗われた由布のわき腹からいくつもいくつも霧が立ち上がっていく。いつもなら一つの面でとらえる山肌が、雨後には立ちのぼる霧の数だけ峰が重なり合っていることがわかる。幾つもの谷、幾つもの沢を内包しながら息づいている由布岳。

春には桜が彩りを添える（撮影・畠山洋司）

　この見事な霧の情景をきっちりと胸に受け止め、私はいつものように呟いていた。「これで、良し！」それは二十年前、由布の里に住み始めて以来、何度となく繰り返してきた自分自身への確認作業でもあった。
　南アルプス山麓で暮らしていた幼い頃、はるか正面に、富士山が鎮座していた。今、豊後富士の懐に包まれる安堵感が、故郷の山河へと誘ってくれる。

## 山麓地帯

　やまなみハイウェイを湯布院から別府方面に向かうと、由布岳の裾を大きく左右に回り込む道路脇の景色が美しい。朝のススキ野は一斉に銀色のタクトを振り、夕方は真っ赤な残照をその身にまとう。

　由布岳の登山口より百メートルほど手前を右折して急傾斜の道をたどれば雨乞峠だ。峠からの景色はまさに絶景。間近で四季の由布岳と対峙できる。

　さて、駐車場の目の前が登山口。据え置きの竹の杖が三十本ほど置かれ、横に小屋根がついた登山者名簿記帳所。丸太の階段を上るとなだらかな草原が眼前にひろがり、そこでは風が響きあう。左手前のピラミッド形の小山は飯盛ヶ城。豊かな牧草地で時々ハンググライダーの着地場所にもなっている。時折、数頭の牛がのんびりと草を食む姿が見える。

　春の初め、野焼きが済むと、山麓一帯は黄スミレの絨毯となり、エヒメアヤメ・キンポウゲ・ショウジョウバカマが彩りを添え、夏はいつもと同じ場所にナデシコ・キスゲ・ノアザミ・トラノオの花が咲く。その後、ウメバチソウ・シラヒゲソウ・ワレモコウが初秋の季節にバトンをわたす。

　草原のバッタは踏みつけそうなくらい跳びはね、群舞するアカネトンボは、虫取り網を振り回しさえすれば捕獲出来そうだ。揚げひばりのおしゃべりは楽しげだが、山間で鳴きかわす晩秋の鹿の声はもの悲しく、万葉人の恋歌がしのばれる。

　狭霧台展望台付近から見下ろす由布院盆地は、いつかの夢の記憶のような懐かしい景色だ。集落を向こうに寄せ、手前は田園風景が広がる。両腕で抱え込めそうな小さな由布院盆地をすっぽりと覆ってしまう朝霧。ここは湯布院の東側の入口である。

　ここから見上げる由布岳は、猛々しくも美しい稜線を際立たせる。そのはらわた辺りにつづら折りの登山道が見える。

## 由布岳登山

　青年時代、職場の山岳部に入っていた。が、最近は由布岳へ数えるほどしか登っていない。それも膝を痛めてからは、友人の歩調に合わせる自信がないので、ゆっくりとマイペースで登ることにしている。

　草むらに潜んでいる高山植物を愛で、２Ｂの鉛筆を取り出して周囲の山の稜線をスケッチしたり、アリアの一節を口ずさんだりしながら気ままに歩を進める。

　登山口から、なだらかな草原を越え、原生林の大木を右手に見ながら、杉や潅木帯の林を行く。

　風倒木の根元のヒコバエに木漏れ日が射し、花イカダは律儀に青い球を乗っけている。立ち枯れた木の彫刻的なおもしろさ、梢の向こうに透けて見える空間のほどよさ、陰性植物の色や形に、ある造形作家をイメージしたりと、自分勝手な楽しみ方で道草をする。

　二十分ほどで原っぱのような「合野越《ごうやごし》」に出る。先ほど脇道を上ってきた飯盛ヶ城が見下ろせる。ここから飯盛ヶ城へ続く一本道は一〇～一五分位だろうか。はるかに望む九重の山々に烽火《のろし》を上げていたのか、古《いにしえ》の時代の情景が浮かぶ。

合野越から山頂までのつづら折りの道。眼下の景色を横目で見ながら草斜面をひたすら歩く。登山の目的は人それぞれだ。高山植物に心寄せたり、人生を逡巡したり、仕事からの解放感や、健康のためという人もいるだろう。

山はどの人間にも平等に汗をかかせる。そして登る前よりは確実に爽快感を味わって下山するのだ。無心で歩くことの効用も見逃せない。何も考えないでいる脳のすき間に、ふっと風がよぎり、すてきな詩の断片が浮上することもある。そんな時は、急いでポケットの小さな手帳に書きとめておく。これが後に役立ったかどうかは記憶も定かではない。

マタエから西峰をめざす（障子ヶ戸）
（撮影・城本武千代）

合野越から一時間ほどでマタエに着くが、途中の岩場で数人のお年寄りがお弁当を食べているのが見える。由布岳は登りやすいせいか、女性と高齢者が多い。山は必ず頂上まで、と決めることはない。それぞれの体力や気力や天候と相談しながら、自分に見合う場所までいけばよいのだと思える歳になった。

登山は、忍耐と精神力を鍛え、達成感を得られるのがよいところだが、気象条件や体調に合わせて、いつでも引き返す柔軟性と勇気を持ち合わせておかねばならない。

さきほど私を追い越して行った若者が、もう下ってきた。「頂上はもうすぐですよ。頑張ってください」と親切に声をかけてくれる。すれ違い際に言葉を交わしたり、挨拶したり、道を譲りあうのも山ならではのこと。「ありがとう」の声も弾む。

頂上近くなるとさすがに息苦しく一歩一歩の足取りも重い。マタエまで数メートルの急勾配を、足場を探してのぼる。

ようやくマタエに着いた。東西に峰を分けて、真ん中に大きな火口ドームがある。怖々《こわごわ》覗き込むと雑木が葉を繁らせている。私はいつもの安全な東峰にむかう。クサリを伝って上る西峰は東峰より一メートル高いという。西峰から火口の向こう側の淵を通る「お鉢まわり」で東峰へ渡ることもできるが、それは熟練者におまかせしたい。


山の天気は変わりやすい。快晴と思って油断していると、いつのまにか雲の塊がやってくることがある。

その日も、風こそあれ、快適な一日を過ごせると思っていた。だが、頂上でお弁当を食べ始めた頃、遠い空から一点の雨雲がこちらに向かってぐんぐん近づいてくるのが見えた。大急ぎでお弁当をかたづけ、近くの人たちにも声掛けして、岩陰に身を伏せた。

雨雲は頂上めがけてぶつかってきた。雲はあっという間に山頂を包み込み、突風を巻き起こしながら、大粒の雨を撒きちらした。私たちは風にさらわれまいとさらに岩陰にすがりついた。

数分後、雨雲は何事もなかったかのように走り去っていった。山頂の人たちは「すごかったですねー」と互いに言い交わし合いながら、稀有な体験に興奮していた。

山はこれだからあなどれない。なかなか動かない霧に覆われたら道を見失うこともある。私の足で登山口から二時間弱で登れる由布岳だが、やはり緊張感溢れた山なのである。

## 野焼き

風物詩になっている野焼きは毎年二月の終わりから三月上旬頃に実施される。牧草の確保、妨害虫、山火事の防止などを目的としている。野焼きは並柳牧場、塚原高原、由布岳南山麓の三カ所で行われ、南山麓のそれは由布院駅の正面からも眺められる。

牧野組合の長老や若者たちによる防火帯づくりは半

由布岳の野焼きの様子（撮影・城本武千代）

年ほど前（九月）に行われていた。

野焼きは、ススキやクマザサなどの枯草が乾燥しすぎると、火の粉が舞い上がって危険だという。むしろ数日前に適度の雨が降った方が良いらしい。風や天候に配慮しながら、野焼きの日は慎重に決められる。

今年（平成二十五年）、南山麓の野焼きは二月二十三日に行われた。当日、由布の頂上は、うっすらと霜で覆われ、ごつごつとした岩肌の陰影が、胡粉《ごふん》をつけて手招きしているように見えた。

朝九時、野焼開始のサイレンが町内に鳴り響く。

「どのあたりから火を入れるのか」

若い後継者は、長老からコツを伝授される。火入れは、その時の風向きで状況が違う。燃え広がった炎が防火帯を越えると、背中に担いだジェットシューターの水で消すのは若者たちの役割だ。重い水を背負って何度も山を上下するのは大変な労力が要る。

私が、野焼き現場についた頃、山麓一帯はほぼ焼き終わり、横断道路下の草原に着火していた。

風が出たのか枯草が四方八方に燃え広がる勢いは想像を超え、火は防火帯の中を三分ほどで焼き尽くした。「火が走る」という状況を実感した瞬間だった。

数年前、大きな野焼き災害があった。火や風の怖さを知り尽くした人たちでさえ避けることが出来なかった、そんな危険をはらみながらも、山は守り継がれねばならない。

野焼きが終わると、山の大地はうごめきだす。焦げ色だった山肌が、数日後には錆色にかわり、やがて土中に潜んでいた草の新芽が頭をもたげる。熊笹が伸びる前に、可憐な黄スミレがいっせいに春を告げてくれることだろう。

# 私の由布岳

中村　治

はじめて由布岳を見たのは小学校一年のときだからもう四十七年前のことになる。

夏休みも終わりに近い八月の二十六日ごろになって祖父が急に家族みんなで由布院に行こうと言いだした。私は右足の人差し指をけがしていたので行かないと言うと、おじいちゃんがせっかくみんなで行こうと言っているのだからいっしょに行きなさいと母が強く言うので私も行くことにした。

夕方に由布院の山荘に着くと祖父は玉の湯のおかみさんに挨拶してくると言ってとなりの玉の湯旅館に行った。そのころは玉の湯もふつうの田舎の旅館で、庭の温泉のお湯が湧き出しているところに玉子がいくつか入れてあったりした。

玉の湯からもどってきた祖父は山荘の縁側に立って由布岳を仰ぎ見ていた。私はその横に立っていた。夕方の空はどんよりと鈍く曇っていて飯盛《いもり》ヶ城のあたりから左に横雲がたなびいていたがその上の東峰と西峰の双耳形はきれいに見えていた。

このとき祖父はこれが由布岳という山だと私に教えたかもしれないし、私のほうからこの山は何という山なのか祖父に訊いたかもしれない。

はじめて見る由布岳のこの光景をそれから二、三年後に私は八号くらいの油絵に描いた。その絵をあるときうちに見えていた東京の鵜飼さんという画家に祖父が見せるように言うのでお見せしたら、鵜飼さんは画面が全体的に暗いのでもっと明るい色を使ったらいいと感想を述べた。それで私はその絵をもう少し明るい色彩で描き直そうとすると、母がこれはこれでいいのだから描き直さなくていいと言った。しかし私は描き直した。この絵は物置をさがすと今でもどこかにまだあるかもしれない。

はじめて由布院に行ったその二年後の夏にまた家族で行ったが、このときは祖父は脳卒中で倒れたあとだったので両親と弟と私の四人だけだった。朝もやの中

由布院山荘より（中村治画）

でレンコン畑の葉が光にゆれる小道をかすかな記憶をたどってみんなを金鱗湖まで導いていくと、よく道を覚えているねと母から言われた。

それから毎年夏休みになると家族四人で由布院を訪れてそこを拠点にして九重の山を歩いたりしたが、由布岳はいつも眺めるだけでなかなか登ることはなかった。山荘のまわりは一面田んぼでその水田の上を渡ってくる涼しい風に吹かれながら縁側に座ってクレパスや水彩で小さなスケッチブックに由布岳や倉木山や飛岳《とびだけ》を弟といっしょにスケッチした。

夏休みに二、三日由布院に家族で行くことは私にとって、そしておそらくは弟にとっても一年間の生活の中でいちばんの楽しみだった。夕方になると近くの雑木林でカブトムシやクワガタを息をのむようにしてさがしたし、山荘の玄関の前の土の上を黒いハグロトンボがひらりひらりとチョウよりもゆっくりと飛んでいた。湯気が出ている側溝の横の草むらにはクサフジが青い可憐な花をたくさん咲かせていたし、うす紫色の花をつけたコマツナギもそこいらにいくらでも見つけることができた。

いつも列車で行っていたが昔の素朴な由布院駅に下り立つと夏でもちょっとひんやりとした感じがしたものだ。由布院盆地自体が標高がたしか四七〇メートルくらいあるはずだった。駅から山荘まで歩いていく途中の道では、遠くの木立の中からミーンミーンというミンミンゼミののんびりした鳴き声が風に運ばれて聞こえていた。すべてがまだのどかだった。山荘の縁側からも由布岳のふもとの竹林まで見渡せて、道路を登ってゆくバスのエンジン音が時折聞こえてきた。

由布院を訪れるのはたいていいつも夏だったが、小学五年生のときに十月十日の体育の日のころに学校を早引きして行ったことがあった。朝霧の中にぼんやりと藍色にかすむ由布岳をラピッドというシャッターを押すだけで写る小さなカメラで何枚も撮った。

いつも由布院から仰いでばかりいた由布岳にようやく登ったのは中学二年の夏だった。お盆過ぎのとても天気の良い日で、合野越から見上げた由布岳の迫ってくるように間近に見える朝の陰影の深い姿は、そのときに見た実景としてではなくて写した写真によって私は記憶にとどめている。このとき登山口から頂上まで白い犬が付いてきていっしょに登った。東ノ岳に父と母と弟と私の四人で登ったが、岩がゴロゴロしている頂上からは晴れ渡った秋のはじめを思わせる高い空の下に九重連山や万年山《はね》や祖母《そぼ》・傾《かたむき》の山々、そして眼下には由布院盆地がくっきりと見えていた。今も目に浮かぶのはそれらの山並みを私自身が写した写真の中の景色である。

その後何度も由布岳には登ったが、いつも正面登山口から合野越を経由し、またえを通って東ノ岳に登るというコースばかりだった。岩場のある西ノ岳には登ったことがない。

由布院に行くときはいつもスケッチの道具を持っていってたくさんスケッチをした。小さい時から特に絵を描くのが好きというわけでもなかったが、由布岳などの山の絵を描くのは好きだった。絵よりもまず山そのものが好きだったのだろう。

何年か前に子供のころに由布院で描いたスケッチブックが十冊くらいまとまって見つかったので一枚一枚

城島高原より（中村治画）

ていねいに見ていくと、今ではもう失われてしまった由布院の風景も描かれていて、なつかしさがこみあげてくるのだった。

ある年の夏に山荘でたまたまいっしょになった彫刻家の鐘ヶ江寿先生が、山荘の裏から南西方向の風景を指差して、油絵にするとしたらこういう場所がいいんだと教えてくれたことがあった。向こうの山が遠景で、あの林が中景で、その手前のそこのトウモロコシ畑を近景にしたらいいと言われた。いま私の寝室には鐘ヶ江先生が遺した小さな由布岳のグワッシュの絵を架けているが、これは山荘から見た由布岳で、形はいくらかデフォルメしてある。夏の朝の最初の太陽光線が稜線にあたっているところを描いたさわやかな作品である。

結婚してまだ子供が小さい時は絵を描く余裕はなかったが、いつかまた自分が子供のころから親しんだ九重山や由布岳などの九州の山を描きたいと心に思うようになった。そして実際に四十歳を過ぎたころから、パステルで由布岳の絵を描きだした。

はじめはゼロ号やサムホールぐらいの大きさのスケッチブックに描いた。紙はブレダン紙というものだった。由布岳を見ながらその場で描くのではなくて、湯布高原あたりから見た由布岳の写真を見てだいたいの形を取って色は自由につけていった。自分の部屋で作業をした。同じような絵を何枚となく描いた。そのうちにスケッチブックは三号になり、四号になった。朝をイメージして描いたものが多くてパステルの淡い色をいくつも重ねて使ったけれども、空と、山の姿と、手前の斜めの丘のこれらの絵をちょっと離して見たら、だいたい三色に見えるモノトーンに近い絵だった。

あるとき、もっとふつうに色数をたくさん使って描こうと思って、倉木山の登山口から見た由布岳を一枚描いてみた。春の山をイメージして、実際の春の山の色とは少しちがうけれども、空をうすい水色、白い雲、由布岳は濃いピンク系と紫と茶でまとめて、手前の草原は黄緑色、すぐ前の枯れ草の群れをはだ色で描いた。この一枚を境にして色をたくさん使ってふつうの風景画のように描くようになった。スケッチブックの大きさも四号から六号に、六号から八号に大きくなった。号数がちがうとたてと横の比率が微妙にちがって、八号の大きさは私にはとても描きやすかった。

自分で撮った由布岳の写真を見たり、いろんな山の本に出てくる古い白黒写真を見たり、また現地に行ってコンテでスケッチしてきたデッサンを見て、それをもとにして別のスケッチブックに4Bの鉛筆でかんたんに下絵を描いて、その上からパステルで色を塗っていった。秋の山にしようとか夏の山にしようとか描き始める前に大まかなイメージを漠然と頭に浮かべて、ときにはカラー写真の色相も参考にしながら色をつけていった。パステルをブレダン紙に塗っては指先でこすり、塗ってはこすりして、それを何度も繰り返して制作をすすめた。そうしているとある瞬間に、あ、できたな、という感じがしてそこで作業をやめてサインをし、フィキサチーフをスプレーで画面全体に吹きかけた。これで完成である。そうやって小さな絵を含めると三百枚くらいは由布岳を描いたかもしれない。由布院盆地から見る由布岳、塚原の忘路軒《ぼうろけん》から見る由布岳、城島高原から見る由布岳、九重の牧の戸峠から遠望する由布岳、様々な角度から何枚も描いた。気に入ると同じ構図で四、五枚は描いた。

春の由布岳、初夏の由布岳、真夏の由布岳、秋の由布岳、冬の由布岳というふうに四季折々の姿も描いた。やはり由布院盆地から見た由布岳が、形は取りにくいけれどもヘンリー・ムーアの彫刻のようにゆったりとおだやかにどーんと横たわっているので、いちばん好きな姿である。子供の時からいつも見てきた形だからだろう。

こんなふうに描けたらいいと思うあこがれの画家はいるけれど、所詮、自分は自分が描くようにしか描けないし、それでまたいいのだと思っている。

それが私の由布岳ということになるのだろうか。

# 冬の由布岳登山記

城本武千代

由布院盆地の北東側に屹立する双耳峰の由布岳（一五八四メートル）は、火山的成因としてはトロイデですが、見る方向により富士山に似ていることから「豊後富士」とも呼ばれています。由布登山口から山頂までは視界が開けた登山コースで、二時間程度で登ることができます。東峰・西峰の山頂からは三六〇度の大展望ができ、登山者の人気度も高く、各地から多くの人が訪れる山です。

しかし、北西の季節風が吹きつける厳冬期ともなれば、様相が一変してしまい、決してあなどることはできません。ここに記した登山記の内容は、古い話で恐縮ですが、風雪と視界不良時における、由布岳登山の貴重な記録文です。昭和四十四（一九六九）年の一月に、友人の西山君と二人で厳冬の由布岳に登山いたしました。そのときの状況を「冬の由布岳登山記」として執筆していました。その原稿用紙に換算すると三十枚分の手書きのものです。このたび、その文章から抜粋・整理したものが本文です。

一月二日の夜、鳥栖駅からの汽車で由布院駅に着く。粉雪まじりの木枯らしの吹く駅前通りは遅いためか、照明がポツン、ポツンとしか点いていなくて、何か寂しい雰囲気である。今夜は由布院盆地を流れる大分川・上流の白滝川沿いの、「鶴の湯荘」という旅館に泊まることにする。

正面を見上げると、暗雲の切れ間に由布岳の部分が無言のまま、ヌッと姿を見せている。それは真っ黒で、鉄か鉛のように重たく、米国の原子力空母・エンタープライズのようなイメージでもあり、何だか不気味で恐ろしくてならない。

白滝川は浅く、さらさらと音を立てながら流れている。砂地には雪が積もっていて、流れる水に新鮮さを覚えさせる。川面を見ていたら雪のかたまりが流れているように見えた。突然、グワッ、グワッという鳴き声がする。よく見るとアヒル五羽が泳ぎ回っているのだ。雪のかたまりではなく、白色のアヒルたちだったのである。

翌三日は七時三十分起床。現段階ではまだ九重山に登山することで考えており、亀の井バス由布院営業所に長者原行きのバス便を問合せしたが、やはり路面凍結のため運休ということであった。念のため九州国際観光バスにもあたってみたが、同一県内の乗降はできないとのこと。そのようなことで九重山登山をあきらめて、九時二十五分に急きょ由布岳登山に切り替える。

由布岳に登山するには、標高七八〇メートルの東登山口（現在の「由布登山口」バス停付近）からが一般的であるが、やむなく、由布院市街地に近い西登山口からのルートに変更する。

冬山用登山用装備としては真綿入りの冬山用防寒ジャンパー、ウール製の下着（上下とも）、手袋は皮の手袋に冬山用ウール製の手袋を二枚重ねにして着用し、別にミトンの手袋も準備。ウール製の目出し帽、革製の登山靴、登山用のウール製ハイソックス、雪上歩行用のX型のアイゼンなどによる完全装備である。

なお、同行の西山君は高校時代に登山部の部長をしていた（全国高校登山大会出場や、祖母《そぼ》・傾《かたむき》山や九重山などの冬山登山の経験者でもある）。

標高約五〇〇メートルの西登山口周辺では一〇～一五センチの積雪量である。登山道に入り、植林帯の中の長いジグザグの登山道を進み、しばらくすると視界が開け出す。山路の途中の切り立った斜面には霜柱が立っているが、これが長くて七～八センチ位はある。そして、この上に雪が積もっているのである。

標高七〇〇メートル付近から下界を見下ろすと、降雪で白くなった由布院盆地が箱庭のような感じで一望できる。由布院盆地は大昔、湖の底だったとか……。なるほど、国土地理院の五万分の一の地図で照合すると、そのことが想像できる。由布院盆地の中央部を大分川が流れているのがわかる。大分川が久大本線の国鉄線路と平行に流れ、この先は庄内町経由で別府湾へと注いでいるのだ。

登山口からしばらくは植林帯の登山道だったのが、原っぱへいきなり出たものだからたまらない。粉雪まじりの強風で体が吹きやられそうである。

十一時に標高約八〇〇メートルの台《デエ》に着く。その名の通り、平坦な広い草原状の地形だ。台の周辺部は大変景色のよい所で、春から夏にかけては、牧歌的な素晴らしい景観になることであろう。

台を後にして、東登山口からの合流地点である合野《ごうや》

厳冬の由布岳全景

越《ごし》へ向かう。積雪のために足元がけっこう滑りだす。そこで、登山靴にX型のアイゼンを装着した。アイゼンの装着後に、目出し帽の上に、防寒服に付属の帽子を重ね合わせてかぶる。さらには目出し帽の下にマスクをかける。マスクは、息で目出し帽の口元や鼻の周りが凍結するので、それを防止するための着装である。また、それまで皮の手袋の上に、登山用の毛糸製の厚手袋を二重に着用していたのだが、毛糸の手袋をやめてミトンの手袋に切り替えて、完全防寒装備の態勢をとった。

先へ進むこととする。雪面を見ると、積もっている雪が強風で削り取られて縦筋が出来ている。これこそ風の走った跡、すなわち風紋なのである。このような現象は平地では見られない。

周辺の視界は約一〇〇メートルで山頂はもちろん見えない。深い灰色の雲の中で、粉雪が強い風により、水平に近い状態で走っている。そしてこの厳しい条件の中、二人の人間が、ヨロヨロしながら歩いているのである。但し、これはもし第三者から見た場合の光景であって、私たち二人には悲壮感的なものは無く、目的地の山頂を目指して、ただ黙々と向かっているのである。

十一時四十五分に合野越（標高一〇二五メートル）着。荷物が重たいのと、積雪で歩きにくいことにより、時間がかかり過ぎているようだ。この時間帯は少し視界が良くなってきている。この地点から東登山口側に目を向けると、目前に三角峰の飯盛《いもり》ヶ城《じょう》（標高一〇六七メートル）が見える。黄土色をした山肌に雪が都合よくかかり、山の稜線が細く黒っぽく見えて、スケッチしたように美しい。

凍結した西峰の岩稜

一休憩した後に、再び山頂を目指して歩き出す。合野越からは八合目付近までは、草原の斜面を歩きやすいように、一〇〇メートルほどの距離をジグザグにたどる山道となっている。途中には灌木も茂っているが、それらには霧氷の花が咲いている。草原の草むらを注意しながら見ると、夏場に登った時に、丸い形で薄紫色に咲いていたヒゴタイが、枯れてはいるがそのままの形で残っていて、寒風にあおられながら体を震わしている。私はそのヒゴタイに対し「ああ、よく冬まで頑張ってくれたなあ。ありがとう」と心の中で叫んでやった。

山頂の東峰と西峰（※別称「東の岳」「西の岳」）の、取り付き点である鞍部はマタエと呼ばれているが、マタエまであと十五分ほど手前付近から、〝胸突き八丁〟の直登状態の急斜面となる。夏場でさえもこの地点ではアゴを出したくなるくらいに、きつくていやな登りなのに、積雪状態での急登は、なお大変である。ここを登り始めてからは、急にザックが重くなり、太ももや腰が痛くなってしまった。これまで何度も山に登ってきたが、腰が痛くなるのは初めての経験である。そして、足がだんだんと進まなくなってくる。僅かな時間の距離のはずなのに、マタエの地点を目前にしながら、苦しい思いに〝もうだめだ〟と、心の中で何度もつぶやきながら、足をなんとか進める。

しかし、頑張り通した甲斐があって、十三時五分にようやくマタエ（標高一五四〇メートル）に着いた。ほっと一息入れて気がつけば、背中に汗をかいているのだ。厳冬の由布岳のはずなのに……。

一段落したところで、この場所の小さな岩陰にて食事しながら休憩をとることにした。

ザックの中から、食事の準備のためいろいろなものを出して、積もった雪の上に並べる。それらが雪の中で紛失しないように、ビニル製のふろしきを三枚広げて、その上に出したものを置いた。準備ができたところで、ラジウスと固形燃料を着火し、飯盒《はんごう》で飯とみそ汁を炊く。炊事用の水は積雪をかき集めて飯盒に入れて、ラジウスの加熱でそれを溶かし、水を作る作業をしなければならない。飯盒に入れた雪が加熱により水状態になり、その水が摂氏〇度になって、その後に熱いお湯になるのだ。

あまりにもの寒さで、鼻水がたらたら流れてならない。そして突風のために、並べている食料・食器などへ、周りの雪が一気に積もって見えなくなるので、その雪を払って、並べているものを探すのが一仕事である。但し、ラジウスと固形燃料の周りは、ザックなどで囲んで、防風対策をとっていたので、火が消えることはなかった。

しばらくすると、飯盒が炊き上がりの音でグツグツといってきたので、みそ汁の味見をしてみた〝腹にキューッとくる〟ほど美味しい。飯もできたので、いよいよ食事の開始である。ああ、熱いのだ。私は生きている！　火にかけていた、おかずの魚や肉の缶詰も熱してきた。近年に無い美味しい食事である。

しばらくして気がつけば飯の芯は硬い。しかし、それもおかまいなしで食べる。鼻水をたらしながら……。飯は最初は熱々だったが、二杯目にはもう冷えかけている。ここは東峰と西峰の分岐部の一五〇〇メートル地点だ。随分と寒いのだなあ。

食事を済ませ、荷物をまとめて西峰山頂に向かう準

熊の姿にも見える岩と樹氷

備をするが、ああ、驚いた。いつの間にかここで二時間も過ごしているのだ。しかし、くやんでもしかたがない。山頂へは、ザックは重たいのでここに置いて、カメラと最小限必要なものだけを携えることとする。十五時五分にマタエを出発。これから先、西峰山頂までは岩稜コースである。尾根筋に上がると風はさらに強くなる。いわゆる北西の季節風である寒波をもろに受けるわけである。進行方向からの風雪が顔面に吹きつけてくる。そのため、目をまともに開けておくことができない。それで、吹きつける雪が目に入らないように目を細めると、上下のまつ毛どうしが結氷のためにくっつき、まばたきができない。まつ毛がくっついてしまったら前が見えないので、目を開こうとするが、その際まつ毛どうしを離すのに力が要る。やっと開いたかと思えば雪が目に飛び込む。それで、雪が目に入らぬように細目にする……の悪循環である。そして、ひどい冷たさのために目が過冷却されて、どうかなりはしないかと、ちょっぴり心配だった。

このようなときにサングラスをかければよさそうであるが、サングラスをかけると大体が暗い上に、目出し帽をかぶっているので、息でサングラスがくもってしまい、さらにそれが氷結して見えなくなるので使えない。考えてみればゴーグルの着用がよいかもしれない。次の機会にはぜひ試みてみようかと思う。ふと、西山君を見ると、まるでサンタクロースのおじいさんみたいな顔になっている。眉毛やまつ毛、それに目出し帽の息をする周りなどが、霧氷状態で真っ白になっているのだ。西山君から見た私も、たぶん同じ状態のことだろう。

山頂に向かうのに岩場の三か所の難所がある。最大の難所である八メートルの岩壁〝障子《しょうじ》ヶ戸《と》〟の、クサリ場を登りきってしまえば、十分ほどで山頂に到着するのだが……。他の二か所は何とか通過したものの、障子ヶ戸だけは、どうも思うようにいかない。ここは夏場でも転落者が出ることがあるという。数メートル落ちるだけならよいが、下手をすれば足元の火口へ転落する可能性は十分に考えられる。火口の直径は約二〇〇メートル、深さは足元より数一〇メートルはある。

　火口の中にはミヤマキリシマやドウダンツツジ、その他の灌木が密生しており、霧氷の花盛りであるが、辺りが薄暗く視界がよくないので、美しく見えるどころか、死の世界を想わせる。

障子ヶ戸の難所、クサリ場をよじ登る

　ここで、西山君とどうするか協議する。この岩壁を登る際の、転落の可能性は、現時点の状況ではその確率が高いと考えざるを得ないのだ。私が落ちなくても西山君が落ちることも考えられる。一人が転落したとき、火口内まで降りていく時の事、助け上げて下山する時の事、また、急を知らせに山をかけ降りる時の事などが、頭に浮かんでくる。

　自分たちは、せっかくこの世に生を受けて、ここまで育った大切な体をこんな事で失いたくない。また、こんなバカらしいことはない。家族や知人にも迷惑はかけられない。などと、真剣に話し合う。そしてなぜか、家族や知人の顔が頭の中でグルグル回ってくるのだ。

　けっきょく絶対に急がず、無理だと思ったら素直に引き返すことを約束して、山頂を目指すこととする。厳重に注意していた為、技術的には楽に登れた。ただ、やはり落ちたときのことを考えて体がこわばっていた。それで、ここを崖と思わずに、低いところを行ってい

風雪の西峰山頂に立つ筆者

るという気持ちに直すことに努めた。

　岩壁に取り付けてあるクサリをしっかりと握り、両足がクサリの下の足場に移れば、もう心配することはない。凍結したクサリ伝いに岩壁をよじ登って、二人とも、何とか無事に乗り越えることができたのである。このような経緯で山頂まで二十分の予定が、五十分もかかってしまった。

　十五時五十五分に西峰山頂に無事到着。山頂ではこれまた風が強い。なにもさえぎるものがない上に、山の斜面に沿って吹き上げてくる風雪により、ひどく厳しい。視界も悪く十数メートルである。山頂の北西側の斜面を〝吹き上げ〟といって、北西の季節風をまともに受けるため、由布岳山頂でもいちばん霧氷ができやすいところである。しかし、視界も悪く風雪がまともに吹き付けてくるので、ゆっくりとその方向を見ることができない。

　ここで十六時を過ぎたので、火口一周は中止して下山することとする。先ほどの三か所の難所を、登る時よりも厳重に注意しながら降りた。そしてマタエから、再び重たいザックを背負って往路を引き返す。

　十八時四十分に由布院駅に到着した。もう辺りは暗い。ザックは雪で真っ白で、目出し帽も、登山用のハイソックスもカチンカチンに凍りついている。標高約五〇〇メートルの由布院駅での気温は摂氏マイナス五度だから、標高一五八四メートルの由布岳山頂ではマイナス一〇度以下であると思える。由布院駅と由布岳山頂との標高差が約一一〇〇メートルで、標高一〇〇メートルにつきマイナス〇・六度下がる。さらに、風速一メートルにつき体感温度はマイナス一度なので、実際の温度と体感温度と合わせて、マイナス十数度以下の体感温度だったと云えよう。

　帰りの最終列車まで一時間ほどあるので、駅前で食

雪山登山に著者が携行した登山手帳に描いた、由布岳「障子ヶ戸」

事をする。食堂では暖房もきいており、随分と人間らしくなってきた。そして、俗界の温かさが心から感じられてならなかった。

二十時四十分の列車に乗り、途中で乗り換えて、二十三時頃に鳥栖市の自宅に帰着する。家でザックを開けると、由布岳のマタエで食事・休憩の際に吹き込んだ雪が融けないままで、そのまま白く残っている。

私が予定日よりも一日早く帰宅したものだから、母がびっくりするやら、安心するやらで大騒ぎだった。それもそのはずで、テレビで九重山での遭難事故のニュースがあっている。久住山に向かった二人の登山者が行方不明とのこと（共に四十代で十数回の九重山の登山の経験者だという）。

このたびの登山では、九重登山の目的で準備して、出発前に母にその旨を伝えていたのだ。ところが、積雪で九重山方面へのバスが運休となった為に、急きょ、由布岳登山に変更したのである。そのことを知らない母は私が九重山へ向かったものと思いこみ、テレビの遭難事故のニュースは、本当に心配でならなかったに違いない。

今冬は九重山で二名の遭難者が出た。北アルプスでは史上最大の大量遭難事故が発生している。突然の冬将軍の到来のせいであったからに違いないが、報道機関では登山者の装備不完全、冬山を甘く見たなどの無謀登山を指摘している。

九重山の場合は大ショックであった。もし、自分たちであったら……という気持ちと、九州の冬山も甘くないということ。そしてなぜか、私たちが遭難して世間に迷惑をかけているような、変な気持ちであった。

九重山の二人の遭難者については、その後、たくさんの捜索隊を出したにもかかわらず、一カ月たった今日まで、積雪の九重山のどこにいるかわからず、春を待たなければ捜索ができないそうである。

その後、五月に九重山の南登山コース付近で二人の遺体が発見された事をニュースで知る。お二人のご冥福を祈るばかりである。

# 由布岳に登る

加藤英彦

**1** 正面登山口コース
「由布登山口」バス停より〝合野越《ごうやごし》〟を経由しジグザグを登り、〝マタエ〟へ。ここから分かれてまず東ノ峰へ登る。〝マタエ〟に下り、そこから岩場を経由して、西ノ峰へ登る。

**2** 東登山口（猪の瀬戸）コース
日向越を経由し岩場を登り東ノ峰へ登る。

**3** 西登山口（岳本）コース
岳本登山口より、〝水場〟を経由し合野越へ。ここから **1** のコースと合流し、山頂へ。

**4** お鉢巡り（火口巡り）コース
西ノ峰より火口縁を巡って〝剣ヶ峰〟へ、そして東ノ峰へと周回するコース。

**5** 日向岳コース
**1** より牧野口で右へ分かれて自然観察路を経由し〝日向岳〟へ。ここで **2** に合流し東ノ峰をめざす。

**6** 飯盛ヶ城コース
**1** を下山する際に〝合野越〟より眼前の〝飯盛《いもり》ヶ城〟へ登り正面登山口へ下りる。

以上の六つのコースを詳細に紹介する。

## 1 正面登山口コース

登山口は別府⇩由布院の県道11号線バス停「由布登山口」の前の広場。駐車スペース（無料）が三十台分あり、道路反対側にも有料の駐車場があるので満車のときはここを利用できる（普通車五〇〇円）。トイレと休憩舎があるが、トイレの水は飲用には適さないの

正面登山口より見た山頂（右）と飯盛ヶ城（左）

で、水は事前に準備すること。

道路を渡ってすぐに大きなコース案内板があり登山届けの提出箱がある。竹製のストックが用意されている。用紙に登山届けを記入して登り始めよう。正面にそびえる山頂が確認できる。あれに登るのだと気合いを入れ、スタートする。

由布岳（右）と飯盛ヶ城

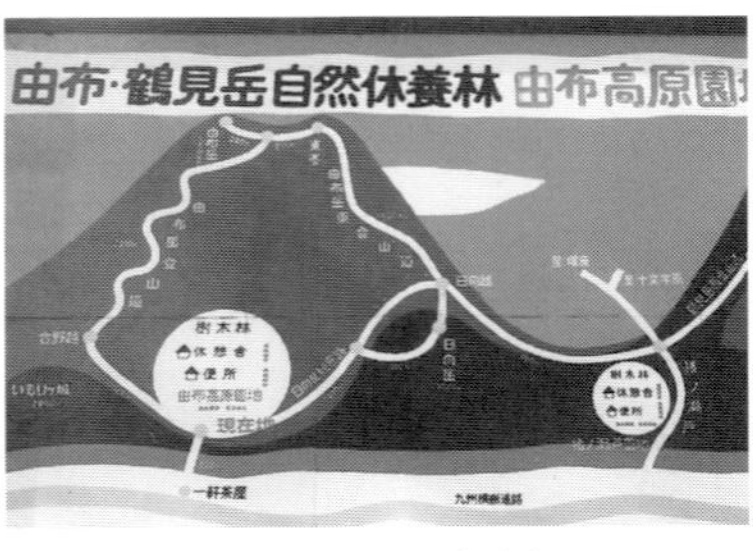

登山口にある案内板

ゆるやかな草原を登るとすぐに牧野が終わりベンチがあり、ここにも案内板とトイレがある。由布鶴見自然休養林に入る。ここから右へは日向岳方面の観察路となっている（5で紹介）。石まじりの登山道には、要所にロープが張ってあり、「登山道」と書いた指導標も建っている。コナラやカエデ、リョウブなどの自然林の中をゆっくりと登っていく。

「ヒノキ枯損木、頭上注意」の立て札があり、倒木をくぐる時頭上注意。涸れた谷を左にみてその小さな谷を二つ渡り左方向へ登り、樹林の切れた合野越へと出る。ひと休みする絶好のポイントだ。ベンチもある。

ここから左へ下るルートは西登山口（岳本）から登ってきた道だ（❸で紹介）。以前はここ合野越にて山開[1]き行事を行っていたが、今は正面登山口の草原にて毎年五月第二日曜日に行っている。

さてここからが本格的にジグザグの登りとなる。はじめは松林の中を登るが次に木々は潅木《かんぼく》へと変わってくる。右へ左へと何回となく折り返しながら登っていく。いくつあるか数えてみるのもおもしろい。全部で二十二回の折り返しがある。十二回と十三回の折り返し間に樹林帯を抜けるとカヤ野となり、眼下の見晴らしが広がってくる。十九回目の折り返しをすぎ大きな岩を通過する。道の崩壊を防ぐ手が入れられている。やがて大きなジグザグが終わるとマタエへのつきあげの短いジグザグへと変わり、傾斜もましてきてこのコースの一番きつい登りとなる。ゆっくりと樹や岩に手をかけながら小さなジグザグを二十回繰り返し登ると、

合野越手前にある「頭上注意」の看板

絶好の休憩ポイント・合野越

マタエ上部より見た東ノ峰登山路

整備された正面登山路（ジグザグ道）

東ノ峰山頂と山頂標柱

マタエ

西ノ峰障子戸の鎖場を登る

マタエ（東ノ峰と西ノ峰の鞍部）に着く（北側は火口となっており、火口跡が大きな口をあけている）。ここでまず東ノ峰をめざす。岩まじりの急登を登る。一カ所短いロープが張ってあるところを登り、最後頂上直下のゆるい広場のとこをすぎ山頂溶岩塊へと登りつく。一大パノラマが待っており山頂標柱も白く新しく建て替えられたのが建っている。「標高一五八〇米」とある。やっと登った達成感を味わおう。

さて、マタエまで戻って西ノ峰をめざそう。すぐに火口の馬の背の急斜面を鎖で越えると、つぎの難所である障子戸の鎖場に出る。鎖を頼りにロック・クライミングの要領でホールド、スタンスを確実にとり岩場にとりつく。体が岩にへばりつかないようバランスをとり、最後左へややトラバース気味に鎖を持って岩場を乗り越え通過する。

　ここからは草付きの尾根を確実にひと登りで西ノ峰山頂に登りつく。明治二十三年に建てられた[2]一等三角点がある。中央に真新しい山頂標柱がたって、「標高一五八三・五米」「由布鶴見岳自然休養林保護管理協議会」とある。

西ノ峰山頂標柱と一等三角点石柱

　独立峰だけあってさえぎるものはなにもない。三六〇度の大パノラマだ。見渡せる山々を確認し、しばしの間その眺めを堪能しよう。

　ここ西ノ峰より往路を引き返すか、お鉢巡りをするかを判断しよう。鉢巡りの場合 **4** を参照。

## 2 東登山口（猪ノ瀬戸）コース

　ここでは、由布岳には正面登山口から何度も登ったという人に、また違うルートから由布岳へ登るというコースを紹介する。岩場まじりの達成感のあるルートである。

　自家用車の場合、猪ノ瀬戸から右（北）へ塚原に向かう車道の登りついた峠状のところが登山口。バスの場合、猪ノ瀬戸バス停を下車、登山口まで車道を二十分歩く。以前は鶴見岳側に入って駐車スペースがあったが、現在は鎖を張って入れなくしているので、道路

東登山口（猪ノ瀬戸）入口の案内板

東登山口入口の案内板。
登山届箱とトイレがある

ニシノヤマタイジンガサが繁る東登山口コース

脇に停めるしかない（五、六台程度）。登山口には正面登山口と同じ大きな案内板があり、やや古くなったトイレと休憩舎がある。ここにも水は無いので用意が必要。樹林帯のなかゆるやかな階段状の道を登っていく。

両側の樹木には親切な説明がかかっている。「ようこそ由布鶴見レクレーションの森へ」の看板がある。リョウブ、アセビ、ネジキ、ノリウツギ、アオハダ、イヌシデ、アカマツ、ガマズミ、ヤマボウシ、ブナ、イヌシデ、コナラ、ヤブムラサキ、ケクロモジ、ミズキなどの植物の説明板あり。右の谷をみて大岩の間を抜けルートは左へ。ロープが張ってあり迷うことはない。杉林をすぎ少し登ると、日向越という峠状の分岐点で休憩ポイントだ。ここから日向岳そして正面登山口へのルートがある（5で紹介）。

日向越

ジュラルミンの梯子

東ノ峰への登りは樹林帯の中ジグザグと続く。「この先から岩場や滑りやすい個所あり」の注意看板がある。やがてジュラルミンの梯子がある。道も崩壊気味で荒れたルートとなっている。右側の支尾根へ取りつくと岩場にロープがある。正面に登る岩峰がみえてくる。やがて尾根上に出るとその上は岩溝状になって右手に鎖が張ってある。確実にスタンスをとり壁を乗っ越す。ロープをたよって溝状のところを登りきると大

ロープのある岩場

岩に出て、それを越え最後はお鉢巡りコース（**4**で紹介）へ合流する。そこからは東ノ峰山頂へは左（西）へ数分で到着する。

鎖のある岩場

## 3 西登山口（岳本）コース（合野越まで）

由布院の湯ノ坪街道を通り、岳本から由布岳へ登るコース。かつては正面からの登山コースであったが、現在では利用者もほとんどない。駐車スペースはなく、バス停は「岳本」で下車。

入口の由布岳西登山口の案内板には、「コースをよく知らない人は正面登山口から登山して下さい（登山道がわかりにくくなっています）」と注意書きが書いてあるが、登ってみると道もはっきりしており、登山者も少なく昔をなつかしむにはよいコースである。また、このコースを下りに使えば下山してすぐに「下ん湯」に入ることができる。

コンビニの前の車道を別府方面へ進み、すぐに左側道路脇に案内板あり。左方向へ進み水路の溝状のところを通り谷の左側へ、右の金網に添って登りにかかる。すぐ左手に墓地があり、そこから右手へ階段がある。右側の谷の堰堤を二カ所登ると山道へかかる。杉林のうっそうとした中をはっきりとした道がジグザグに付

西登山口（岳本）案内板

西登山口入口の案内板

西登山口ルート。鬼の頭（右）と観音岩・マク岩（左）

いている。溝状にえぐれた登山道は分かりやすい。ただ倒木があるところはまたぐか下をくぐるかしながらの登りである。下の車道からの車の音もやがて聞こえなくなる頃、下の由布院の街並みが樹林の間から見下ろせるようになってくる。やがて数回のジグザグの後、登りついたところで人工林からぬける草っぱらに出る。ここから平坦路を再度人工林に入りそれをぬけると、すっきりとした草原状の広場に出る。「台」と呼ばれていたところだ。指導標が草原の中の道へと案内している。草原の行く手に大きな岩がみえる。右手東側の岩

水の口の水場

を「鬼ノ頭」、中間の小山の尾根に立っている大岩を「観音岩」、その下にあるのが「幕岩」という。大岩が二つ突き立って幕を張ったような姿で拡がっている。登山道はその岩間を通っていく。古い塩ビの管が現在では使われなくなり、露出して放置されている。

やがて前方登りついたところに「水場」がある。「水の口の谷」の水源地だ。大分川の源流の一つでもある谷に設置された管から冷たい水が出ている。右手には形のいい草原の山、飯盛ヶ城がみえる（かつてこの水場を利用してキャンプした事もあった）。

ここから飯盛ヶ城との間の防火帯の間を通り登りついたところ、飯盛ヶ城への登路との分岐を左手へ、潅木のなか五分で合野越へと登りつく（合野越からは 1

のルートを参照)。

## 4 お鉢巡りコース

お鉢巡りとは由布岳の西ノ峰と東ノ峰の火口壁を一周することをいい、岩まじりのコースであり経験者の先導があった方が望ましい。一般的には西ノ峰に登り東ノ峰へ廻るコースの方が反対コースよりは登り易い。西ノ峰頂上よりすぐに岩まじりの急斜面を北に下る。

西ノ峰下りよりみたお鉢巡りルートと剣ヶ峰ピーク

途中から右(東)へ折れて火口壁を下る(ロープが張ってあり直進はしない事)。砂まじりの悪路を最低鞍部まで下りリッジ状の岩尾根へとりつく。

岩を越えるか左へ下るか選択するルートがあるが、左へ確実に下りすぐにまた登り返す方がよい。下る時は体を確実に山側に向け一歩一歩スタンスをみながら慎重に行動する。そこを過ぎると剣ヶ峰へのきつい登りとなるが、大きな岩を乗越す状態のとこを通過しなおも登ると剣ヶ峰へ着く。目指す東ノ峰はもうすぐそこだ。東登山口からのルートと合流し、最後「頭上注意」の注意書きのある岩を過ぎると、人の多い東ノ峰の山頂へ飛び出す。

振り返ると、今たどってきたお鉢巡りのコースが確認できる。達成感にひたるひとときである。ここからはマタエへ下り合野越⇩正面登山口へと下山のルートをとろう。

## 5 日向岳（一〇八五メートル）コース

正面登山口の草原状のルートを登り最初の休憩地、かつて牧柵のあったところから左手へ樹林帯に入っていく。岩まじりの道は周囲の樹林の木の説明札が多くみられる。右へ右へ移動しながらも徐々に登っていく道が続いている。森林浴を楽しむ最適なコースだ。

正面登山口から入った最初の休憩地

日向岳への案内板（日向越手前）

日向岳展望所（山頂）

やがて谷を渡るため一旦下がっていきまた登り、そしてまた谷を渡りと二回くり返して登っていくと、日向岳へ登るルートの案内が出る。

ここから右手（東）へ下り、最後に気持ちのいい樹林帯を登ると頂上「日向岳展望所」に出るが、樹林に囲まれてあまり展望はよくない。元の道へ戻らず左手へ。鞍部へ一旦下り小さな鈍頂に登り返してすぐに日向越へと出る（ここからは**2**のコース参照）。なお、さきほどのところ日向岳へと右手にとるコースを直進すれば、すぐに五分ほどで日向越に出る。日向岳へ登らないルートをとることもできる。

## 6 飯盛ヶ城（一〇六七メートル）コース

合野越を左に下れば正面登山口へ下山する。飯盛ヶ城へは西登山口コースへ（**3**のコース参照）。すぐに防火帯に出るが、分岐を左手へ。すぐに草原状のなかの丘陵の急登に取りつき左手へ。そしてすぐに尾根を右手へと登ると飯盛ヶ城山頂へ着く。かつては狼煙《のろし》場があったという広い山頂はのんびりと寝ころぶのも気持ちよいところだ。眼前に由布岳のジグザグの登山道がみえる。ここから正面登山口への下山ルートが草原のなか明瞭についている。最初の急坂を小さくステップをとりながら下る。やがて小さなカシワの木を抜けると、左手には正面登山のルートが確認できる。最後下りついて左手へ小さな谷状のところを渡ると、正面登山口にはすぐに到着する。

## 由布岳登山コースタイム

単位：分

※標準的コースタイム。休憩時間は含まない

**1. 正面登山口コース**

登山口（駐車場）(10)⇄(10) 牧野柵 (30)⇄(25) 合野越 (70)⇄(50) マタエ (20)⇄(15) 東ノ峰

**2. 東登山口（猪の瀬戸）コース**

登山口 (40)⇄(30) 日向越 (70)⇄(55) 縦走路 (8)⇄(5) 東ノ峰 (15)→ マタエ

**3. 西登山口（岳本）コース**

登山口（岳本）(45)⇄(30) 台 (20)⇄(15) 水場 (20)⇄(15) 合野越

**4. お鉢巡り（火口巡り）コース**

マタエ (20)→ 西ノ峰 (55)→ 剣ヶ峰 (10)→ 東ノ峰 (15)→ マタエ

**5. 日向岳コース**

正面登山口 (10)→ 牧野柵 (60)→ 日向越

(15)→ 日向岳 (15)→ 日向越

**6. 飯盛ヶ城コース**

合野越 (20)→ 飯盛ヶ城 (30)→ 正面登山口

山開き祭の様子（平成25年５月12日）

註１　由布岳山開き祭

毎年、由布岳観光協議会（由布市・別府市共催）で行われており、今年（平成二十五年）で三十四回目である。正面登山口にて八時半より記念品配布（先着千二百名）、安全祈願祭、豚汁無料配布（先着千二百名）、当日駐車場は北側草原に臨時駐車場を設け対応している。配布する記念品（帽子）がすぐれものであり、人気を集めている。二〇一三年五月十二日「第三十四回山開き祭」には約四千人の参加があった。

註２　由布岳西峰一等三角点について

標高一五八三・二六米。設置は明治二十三（一八九〇）年、位置北緯三三度一六分五六秒・東経一三一度二三分二四秒、一等三角点は大分県に十四カ所あるが、そのうちの

西ノ峰一等三角点標石

山開き祭参加記念帽子。
左は平成24年、右は平成25年のもの

一つ。本点五つ、補点九つのうち補点である。

標石をよくみると一等と右から書いてあり三角点はたてに彫っている。「等」は「䒭」、「角」は「⻆」、「点」は「點」の字で彫られた石柱である。三角点の標石はここが山頂だということを表した一つのシンボルだ。山頂に登り着いたら優しくその三角点にタッチしよう。これで目的の頂上まで登りついたということを表すのだ（一等三角點研究會『一等三角点全国ガイド』ナカニシヤ出版、二〇一一年）。

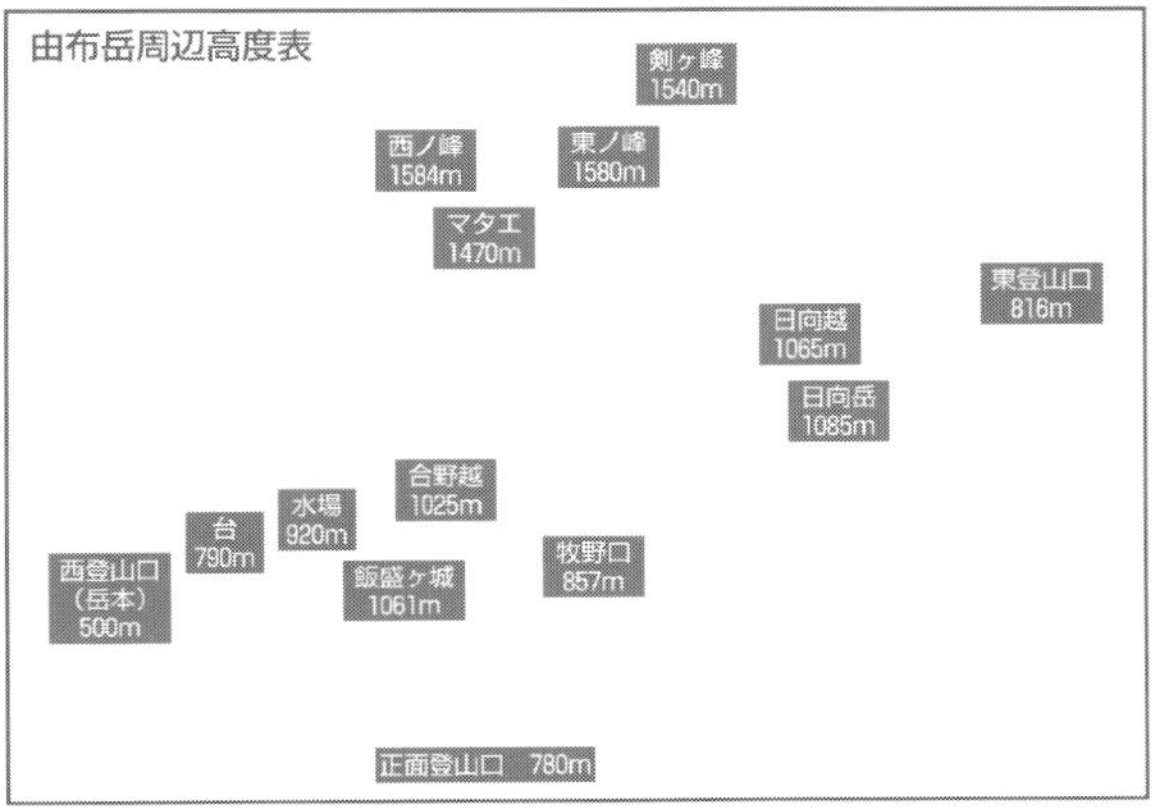


なお東ノ峰の標高については、新しい山頂柱が建てられている。それによると「一五八〇米」とある（由布・鶴見岳自然休養林保護管理協議会作製）

（出典、梅木秀徳『大分の山　大分県主要山岳丘陵一覧』一九八七年、私家版）

※山を甘くみないで!!

安全登山のために注意すること

一、ゆとりある日程、体力、技術に応じた計画をたてる

一、同行するメンバーの選定。リーダーは誰であるかを事前に決めておくこと。行動中はリーダーの指示で動くこと

一、携帯電話、GPS、アマチュア無線などの通信機器を必ず携行しましょう。携帯電話の電池は通信圏外では消耗が激しくなるので細かく圏外かどうかをチェックして、ときには電源を切ることも必要です

一、万一の場合、引き返す勇気を持ちましょう

一、事前に天候のチェックを忘れずにすること

一、単独行動や午後からの登山はできるだけ避けるように

一、万一体調不良等で途中引き返す場合は、一人で帰さずメンバーの中で同行者の付き添いをつける

一、自然を大切に。草木の採取は厳禁です。ゴミは必ず持ち帰りましょう

近年の山岳遭難の主な原因（大分県内）
一、地理不案内の道迷い。霧のための道迷い
一、軽装によるつまずき、転倒による骨折
一、体調不良による体力不足。歩行困難
一、スリップ等による滑落、転落

〔主な関係先機関〕
大分県山岳遭難対策協議会　事務局
大分市大手町三丁目一－一
大分県警察本部生活安全部地域課内
電話〇九七－五三六－二一三一　内線三五八二

〔管轄警察本部〕
由布岳東、正面登山口　別府署
電話〇九七七－二一－二一三一
由布岳西登山口　大分南警察署
電話〇九七－五四二－二一三一

〔各種問い合わせ先〕
由布市商工観光課　〇九七七－八四－三一一一
別府市役所観光課　〇九七七－二一－一一二八

〔路線バス問い合わせ先〕
亀の井バス別府営業所　〇九七七－二三－〇一四一

〔参考地図〕
国土地理院二万五千分の一地形図
「別府西部」（大分九号－一）
「日出生台」（大分九号－三）

◉執筆者略歴

中村　治
昭和三十四（一九五九）年、福岡市生まれ。早稲田大学第一文学部ロシア文学科中退。九州産業大学付属九州高等学校理事長。

梅木秀徳
昭和八（一九三三）年、大分県九重町生まれ。九州大学文学部卒業。日本山岳会に所属し、日本山岳会東九州支部長、大分県山岳連盟副会長などを歴任。編著書に『大分の伝説』（角川書店）『九重山博物誌』（葦書房）『大分百山』『大分百山改訂版』（共に日本山岳会東九州支部刊）『九重山・法華院物語』（弦書房）などがある。平成二十四（二〇一二）年十二月十九日逝去。

横山秀司
昭和二十三（一九四八）年、神奈川県生まれ。九州産業大学観光産業学科教授。博士（地理学）。景観生態学、観光地理学が専門。著書に『景観生態学』『観光のための環境景観学』（いずれも古今書院）がある。

甲斐素純
昭和二十七（一九五二）年、大分県生まれ。皇学館大学文学部国史学科卒業。総社宝八幡宮宮司。主な著書に『大友宗麟のすべて』『黒田如水のすべて』（新人物往来社）、共著に『時空を超えて』（西日本新聞社）『大分県の地名』（平凡社）編著に『大分県の不思議事典』『大分県謎解き散歩』（共に新人物往来社）がある。

菊屋奈良義
昭和五（一九三〇）年大分市生まれ。大分大学学芸学部三年時中退。大分県警察官などを経て野生動物の個体群について保全策の研究を継続。昭和五十一年、個体群の生態学的保全工学に関して横浜国立大学から学位（工学）取得。キムラグモ個体群の保全策や猪個体群の保全策の研究を中心にして、社団法人大分野生生物研究センターを設立、現在理事長に就任中。著書に『自然にドキドキ』『子供たちの森』『イノシシ母ちゃんにドキドキ』（いずれも白水社刊）『キムラグモ』（八坂書房刊）『杵原の森』『失われた干潟』『祓川の保全工学提唱』（以上、大分野生生物研究センター刊）。

生野喜和人
昭和五（一九三〇）年八月大分市生まれ。昭和二十八年三月、大分大学学芸部（現・教育福祉科学部）卒業。大分県植物研究会会員、大分生物談話会会員。

**三宅　武**

昭和十八（一九四三）年福岡県生まれ。大分昆虫同好会長。

**中谷健太郎**

昭和九（一九三四）年大分県北由布村生まれ。明治大学卒業。東宝撮影所に入社。稲垣浩、千葉泰樹監督の下で助監督を務める。父の死により帰郷、旅館亀の井別荘を継ぐ。以後、湯布院町づくりを多彩な分野で実行していく。著書に『たすきがけの湯布院』『湯布院発、にっぽん村へ』（共にふきのとう書房）『湯布院幻燈譜』（海鳥社）『由布院に吹く風』（岩波書店）などがある。

**裏　文子**

福岡県立福岡中央高校卒業、大分県芸術文化短期大学卒業。現在、ドルドーニュ美術館館長（由布市湯布院町）。

**城本武千代**

昭和十九（一九四四）年、佐賀県鳥栖市生まれ。写真家。昭和五十六年より二十年間、「山と溪谷」に山岳写真と文章を掲載。昭和五十八年より十五年間、山岳写真家・白籏史朗氏に師事（山岳写真の会　白い峰）。昭和五十九年より三年間、財界九州社カメラマン。昭和六十二年、城本写真事務所設立。著書に写真集『好きです九州』（財界九州社）ほか、写真集など数冊（共著）がある。

**加藤英彦**

昭和十七（一九四二）年、福岡市生まれ。大分大学経済学部卒業。大分登高会を経て、日本山岳会、山のいで湯愛好会に所属。現在（公社）日本山岳会東日本九州支部長。編著に『九重山　加藤数功遺稿集』『大分百山』『大分百山改訂版』（共に日本山岳会東九州支部刊）『九重山・法華院物語』（弦書房）などがある。

※本文中の写真は、撮影者名が記していない限り、それぞれの執筆者による。

# あとがき

由布岳は美しい山である。

眺める場所によって、あるいは季節や天候や一日のうちの時間によって、その姿は千変万化する。太古の昔から、いったいどれだけの人が由布岳を仰ぎ見たことだろう。彼らはこの山を見て何を感じ、何を思っただろうか。

玉の湯の溝口薫平氏には原稿執筆者を紹介していただいた。亀の井別荘の中谷健太郎氏、ドルドーニュ美術館の裏文子さん、カメラマンの城本武千代氏にはエッセイを書いていただいた。また海鳥社の西俊明氏にはいっしょに何度も由布院まで足を運んでいただいた。

これらの皆様と貴重な原稿をお寄せいただいた方々に、心から感謝申し上げたい。

『由布岳』はこれら全ての人たちの由布岳への思いの結晶体である。

平成二十五年八月二十六日

中村　治

本書は九州産業大学付属九州高等学校が創立50周年を記念し
制作発行した『由布岳』を基に出版したものです。

由《ゆ》布《ふ》岳《だけ》

■

2013年10月5日発行

■

編　者　九州高等学校

発行者　西　俊明

発行所　有限会社海鳥社

〒810-0072　福岡市中央区長浜3丁目1番16号

電話092（771）0132　FAX092（771）2546

http://www.kaichosha-f.co.jp

印　刷　株式会社西日本新聞印刷

製　本　篠原製本株式会社

［定価は表紙カバーに表示］

ISBN978-4-87415-892-0